BASTEI
LÜBBE

FANNIE FLAGG'S ORIGINAL GRÜNE-TOMATEN KOCHBUCH

Aus dem
Amerikanischen von
Jutta Hein

BASTEI
LÜBBE

BASTEI-LÜBBE-TASCHENBUCH
Band 12153

Printed in Germany, Februar 1994
Einbandgestaltung: Gisela Kullowatz
Titelfoto und Bilder im Innenteil: Fawcett
Satz: Kremerdruck GmbH, Lindlar-Hartegasse
Druck und Bindung: Ebner Ulm
ISBN 3-404-12153-8

Der Preis dieses Bandes versteht sich einschließlich
der gesetzlichen Mehrwertsteuer.

Dieses Buch ist meiner verstorbenen Tante Bess gewidmet. In ihrem Café habe ich gelernt, was gutes Essen und Freundlichkeit bedeuten. Beides ist mir bis heute wichtig.

Inhalt

Danksagung

Ich kann wirklich von Glück sagen, daß mir viele Freunde sehr gerne ihre Rezepte für dieses Buch zur Verfügung gestellt haben. Das ist keineswegs selbstverständlich. Manche Leute betreiben eine ziemliche Geheimniskrämerei mit ihren Rezepten und lehnen es entsetzt ab, die Ingredienzen bekanntzugeben – als ob es um Atomwaffen ginge. »Ja, so ist es gewesen. Als Tante Baby starb, hatte sie das Rezept für ihr berühmtes Teegebäck ganz fest an die Brust gedrückt. Da mußten wir es mit ihr begraben.« Ich stelle mir Tante Baby vor, wie sie im Paradies zur Begrüßung ihrer Lieben zum großen himmlischen Backofen läuft und für das erste gemeinsame Abendessen da oben den Teig für ihr Teegebäck anrührt. Mir ist es lieber, das Gebäck hier und heute zu genießen, ehrlich.

Dawn Breakfast
of
Upsilon Chapter.

Vorwort

»EIN KOCHBUCH! Warum um alles in der Welt willst ausgerechnet DU ein Kochbuch schreiben?« Das war die Reaktion meiner Freunde, als ich ihnen davon erzählte. Als ob ich gerade angekündigt hätte, eine ausländische Regierung mit Hilfe einer Gabel stürzen zu wollen. »Wieso denn nicht?« verteidigte ich mich und erinnerte mich, daß die meisten von ihnen schon bei mir zu Hause gegessen hatten. Ich wandte mich an meine Freundin: »Mickey, wieso sagst du so was? Erst neulich hat dein eigener Ehemann Bob meine Schweinekoteletts mit schwarzgefleckten Erbsen in den höchsten Tönen gelobt!« Sie dachte einen Moment lang nach. »Na ja, Fannie, ich hab' ja nicht gesagt, daß das Essen nicht geschmeckt hat. Aber diese Schweinekoteletts mit Erbsen sind das einzige, was es bei dir überhaupt gibt.«

»Das stimmt nicht!« sagte ich ziemlich laut. »Hast du vergessen, daß ich vorletztes Jahr Steckrübengemüse zu den Koteletts gemacht habe?«

Ist ja auch egal; inzwischen können Sie sich vermutlich schon ein Bild machen. Meine Kochkünste sind begrenzt. Um die Wahrheit zu sagen, ich war selbst überrascht, als der Verleger anrief. »EIN KOCHBUCH! ... Warum in aller Welt sollte ausgerechnet ICH ein Kochbuch schreiben?«

Dann überlegte ich: Moment mal ... warum denn *nicht*? Habe ich denn nicht schon lange eine Beziehung zu gutem Essen? Nun, wer hat die nicht? Aber ich stamme aus den Südstaaten, und es ist bekannt, daß wir uns von Geburt an hauptsächlich mit Essen und Geschichten befassen. Ich vielleicht noch mehr als andere. Ich habe immer gern gegessen, war gern dabei, wenn andere Leute aßen, und ich schaue mir sogar gern *Bilder* von essenden Menschen an. Außerdem habe ich zwei Romane geschrieben, in denen Restaurants eine wichtige Rolle spielen – in dem einen eine Bierkneipe, in dem anderen ein Café. Also, warum denn nicht?

Als einziges Kind einer Mutter, die nicht gern kochte, bin ich fast jeden Tag meines Lebens außer Haus essen gegangen und habe das ungeheuer genossen. Daher erkenne ich gutes Essen schon, wenn ich es nur sehe. Noch besser, wenn ich es schmecke. Es heißt ja, man soll nur über Dinge schreiben, für die man sich interessiert und die einem wichtig sind – und beides trifft zu, was das Essen und mich angeht.

Daher wußte ich auch auf Anhieb, daß mir dieses Buch großen Spaß machen würde. Aber aus noch einem Grund wollte ich es gern schreiben. Seit der Roman »Grüne Tomaten« erschienen ist und der Film danach gedreht wurde, habe ich Tausende von Briefen aus der ganzen Welt bekommen. Liebe Menschen wollten wissen, ob es das Whistle Stop Café wirklich gibt, ob ich beim Schreiben des Buchs an ein bestimmtes Café gedacht hätte. Und sie baten mich um die Originalrezepte.

Die Antwort lautet: Ja, es gab dieses Café tatsächlich. In den 30er Jahren eröffnete meine großartige Tante Bess »The Irondale Café« und leitete es mehr als fünfzig Jahre.

Es liegt in Irondale, Alabama, einer Kleinstadt ganz in der Nähe meiner Heimatstadt Birmingham. Und es gibt eine gute Nachricht zu vermelden: Es läuft immer noch prächtig, die Umsätze sind bestens, und die Gäste kommen aus der näheren und weiteren Umgebung, nur um die traditionellen, köstlichen Gerichte zu genießen. Nicht nur das: Virginia Johnson, diese phantastische Köchin, die schon im Alter von elf Jahren für meine Tante gearbeitet hat, steht immer noch in der Küche und brät mit großem Vergnügen jeden Tag frische grüne Tomaten, so wie ich sie seit meiner Kindheit kenne, wie sie ganze Generationen kennen. Und dann gibt es noch die allerbeste Nachricht überhaupt: Die Familie McMichaels hat das Café von meiner Tante Bess gekauft, und sie führt es erfolgreich in ihrem Sinne weiter. Die McMichaels sind liebe Freunde und die nettesten Menschen, die man sich vorstellen kann.

Und so gebe ich mit großer Freude ihre Originalrezepte an Sie weiter – für den Fall, daß Sie nicht die Zeit haben, mal eben nach Alabama zu kommen. Wir alle möchten, daß Sie die echte Hausmannskost aus dem Café zu Hause in Ihrer Küche zubereiten und anschließend genießen können. Von Marketing-Leuten habe ich erfahren, daß diese Rezepte in die Kategorie »genußvolle Ernährung« gehören, und die ist plötzlich sehr »in« und liegt im Trend. Als ich das hörte, mußte ich wirklich lachen. Man stelle sich vor, mein Leben lang war ich »in« und lag im Trend, aber ich habe es gar nicht gewußt, weil ich es immer genußvoll fand, eine gute Mahlzeit zu mir zu nehmen.

Das bringt mich zu dem Hauptgrund, aus dem ich dieses Buch so gern schreiben wollte. In letzter Zeit scheint jeder Mensch auf irgendeinen anderen wütend zu sein; an jeder Ecke, im Radio, im Fernsehen gibt es Gruppen, die herumschreien und sich über Dinge und Leute beschweren, die ihnen nicht passen. Es liegt so viel Ärger in der Luft, daß er wie ein dichter Nebel über uns hängt. Ich denke, in einer Zeit wie der unsrigen ist es besonders wichtig, danach zu streben, so ruhig und glücklich wie möglich zu sein. Ich weiß nicht, wie es Ihnen geht, aber ich war immer am glücklichsten, wenn ein gutes Essen vor mir stand. Sagen wir es doch ganz deutlich: essen macht Spaß. Einige der schönsten Erlebnisse meines Lebens haben etwas mit Mahlzeiten zu tun. In diesem Bereich mag ich einfach alles. Besonders die Geräusche, die Düfte und die freundliche Atmosphäre. Wenn Leute lachen, Teller klappern und Gläser klirren, dann ist das Musik in meinen Ohren, und ich schaffe es einfach nicht, zornig und wütend zu sein und gleichzeitig eine gute Mahlzeit zu genießen. Heutzutage kann jeder Mensch ein bißchen Trost und Komfort gebrauchen, und wo findet man beides besser als in einem Café?

Wenn Sie wollen, begleiten Sie mich in eine Vergangenheit, in der die Menschen genauso süß waren wie der Tee, den sie reichten, in der jeder Sie kannte und mochte und sich sogar noch an den Vater Ihres Vaters erinnerte. In eine Vergangenheit, in der – ganz gleich, wie arm Sie waren und wie schwer die Zeiten waren, die Sie durchmachten – Sie sich besser fühlten, wenn Ihnen mit einem Lächeln ein Teller heißer, cremiger Kartoffelbrei serviert wurde. In der das Café Ihr Zuhause außerhalb Ihrer eigenen vier Wände war, das Zentrum in der Stadt, in dem Sie immer einen Freund trafen und lachen konnten. Dort in dem Café schmeckte das Essen immer besser als es aussah, und morgens, mittags, abends und sonntags nach der Kirche war immer jemand für Sie da. Sie hatten Ihren Lieblingstisch, an dem Sie immer willkommen waren, und alles war Ihnen so vertraut wie Ihr eigenes Wohnzimmer. Und wenn die Leute im Café zuviel zu tun hatten, holten Sie sich Ihren Eistee oder den heißen Kaffee selbst, und manchmal legten Sie dort das Geld einfach auf den Tresen und zählten das Wechselgeld nicht nach.

Ganz gleich, woher Sie kommen, aus dem Osten oder Westen, dem Norden oder Süden, ganz gleich, wie Ihr Café hieß – Whistle Stop, Busy Bee, Melrose Diner oder Chatter Box – , schließen Sie die Augen, vergessen Sie Ihre Sorgen und kehren Sie mit mir nur für eine kurze Zeit wieder nach Hause zurück ...

Die Sonne geht auf. Die Vögel fangen gerade erst an zu zwitschern, die Hunde schütteln sich und bellen ein- oder zweimal, und in der ganzen Stadt geht eine Küchenlampe nach der anderen an. Die Kühle des Morgens liegt noch in der Luft. Aber da drüben im Café ist die Küche warm, das Radio spielt, der Speck brutzelt in der Pfanne, kleine, weiche Brötchen werden aufgeschnitten, und die Köchinnen sind hellwach. Verschlafene Gäste mit der Zeitung unter dem Arm stolpern einer nach dem anderen durch die Tür, bekommen heißen, dampfenden Kaffee hingestellt von Kellnerinnen, die genau wissen, wie sie ihn trinken – Sahne und kein Zucker, Zucker und keine Sahne, schwarz ohne alles ...

Während der Morgen langsam voranschreitet, setzt das Klappern des Geschirrs ein; wenn die Küchentür sich öffnet und schließt, können Sie hören, wie Speck und Eier brutzeln, und der aromatische Duft warmer, frischer Bröt-

chen durchzieht den Raum. Das Tempo wird schneller, mehr Kaffee wird ausgeschenkt, die Augen werden klarer, erstes Gelächter erklingt, und schon bald herrscht überall ein Summen und Schwirren wie in einem Café voller fröhlich zwitschernder Finken. Später, nach etwa zwei Stunden, wird es langsam ruhiger, die sanfte Stille zwischen Frühstück und Lunch macht sich breit, bis dann plötzlich lautstark und voller Heißhunger – die Horde zum Mittagessen einfällt und das Tagesgericht verlangt.

Dieses fröhliche Szenario spielt sich Tag für Tag, Woche für Woche, Jahr für Jahr ab, und ganz gleich, ob Sie sich für einen Tag oder ein Jahrzehnt verabschieden, wenn Sie zurückkommen, ist im Café immer noch alles beim alten. Wie bei einem guten Theaterstück, das über Jahre hinweg gespielt wird, mag sich die Besetzung vielleicht von Zeit zu Zeit ein wenig ändern, aber die Handlung bleibt dieselbe: Füttert die Menschen mit Liebe, einem Lächeln und gutem Essen.

Das Wort Café kommt aus dem Französischen, und ich bin sicher, die meisten der kleinen Schuppen, die im ganzen Land aus dem Boden geschossen sind, haben ihre Freude an dem charmanten Ursprung. Diese kleinen Cafés waren keineswegs immer großartig, aber sie waren das Herz der Stadt mit einer eigenen Persönlichkeit. Und wenn eines schloß, wurde es über Generationen hinweg betrauert. Noch Wochen nach der Schließung konnte man beobachten, wie hilflose alte Männer immer wieder einen Blick durch die mit Brettern vernagelten Fenster warfen und hofften, ihr Café würde vielleicht irgendwie wieder zum Leben erwachen. Überall in den USA beginnen Gespräche mit: »Weißt du noch, wie das war, als das

Café noch geöffnet war, als wir da mittags mit Memaw oder abends mit Onkel Buddy gegessen haben?« Oder: »Erinnerst du dich noch an das Treffen des Rotary-Clubs da drüben im Café?« Die Menschen können immer noch nicht glauben, daß es geschlossen wurde. Keine der neuen, kalten, orangefarbenen Fast-Food-Plastik-Buden im Stil steriler Operationssäle kann je das alte Café ersetzen, in dem das Silber meistens verbeult und von Wasserflecken übersät war. Dennoch, es fühlte sich wie Silber an, und es war Silber mit Vergangenheit. Den Löffel, mit dem Sie Ihren Kaffee umrühren, hat vielleicht vor dreißig Jahren Ihre Großmutter benutzt und dieses Messer erst gestern Ihr Cousin; nein, da gab es keine zerbrechlichen, weißen Plastik-»Bestecke« in Zellophan, die weggeworfen und nie wieder benutzt werden. Ach, wenn die alten, angeschlagenen Teller doch nur reden könnten. In wie viele Gesichter haben sie in all den Jahren geschaut, wie viele hübsche junge Mädchen haben sie zu schönen alten Frauen heranreifen, wie viele junge Soldaten kommen und gehen sehen, wie oft haben sie beobachtet, wie aus gut aussehenden jungen Männern Großväter wurden und wie Babys geweint oder vor Vergnügen gejauchzt haben. Und die armen, alten Stühle. Wie oft wurden sie von Kindern getreten, von eiligen Leuten umgeworfen, im Raum herumgestoßen und weggeschoben, für belanglose Gespräche an andere Tische gestellt, Gespräche über, wie ich vermute, nicht mehr und nicht weniger als den Alltag einer Stadt voller Menschen, die versuchen, ihr Bestes zu geben – Tag für Tag, Jahr für Jahr.

Ich ziehe meinen Hut vor euch, vor all Euch alten Cafés, die jetzt verschwunden sind, und vor denen, die es noch gibt. Ihr habt uns allen das Leben ein bißchen schöner gemacht; ihr wart schlicht, sauber, zuverlässig und ehrlich ... wie ein guter Freund.

Eines möchte ich Ihnen gleich zu Beginn versichern: Kochen wie im Café ist nicht schwer. Tatsächlich geht es um nichts weiter als die gute, alte Hausmannskost – nur, daß sie nicht zu Hause zubereitet wird. Früher gab es für Frauen nur wenig Arbeitsplätze außerhalb der eigenen vier Wände, und wenn eine Frau arbeiten mußte, dann konnte sie sich als Köchin verdingen. Daher handelte es sich bei den meisten Café-Rezepten um die Art von Kost, die die Frau zu Hause für ihre Familie zubereitete, sie mußte sich im Café nur auf größere Mengen einrichten. Es gab Gründe dafür, daß die Café-Küche so gut und bei den Gästen so beliebt war: Erstens brauchte man nicht selbst zu kochen, zweitens brauchte man hinterher nicht aufzuräumen. Der dritte Grund war der wichtigste: Im Laufe der Jahre kochten diese Frauen für Hunderte von Gästen und sorgten dafür, daß sie immer wiederkamen; dabei konnten sie die Gerichte immer weiter perfektionieren und herausfinden, welche kleine Zutat hier und welches Gewürz da dazu beitrug, daß am Ende eine einfache, schnelle, köstliche Mahlzeit auf den Tisch kam.

Wenn ich den Leuten von all den leckeren Rezepten aus dem Café erzähle, sagen sie: »Klingt gut. Aber natürlich kann man nicht jeden Tag so essen.« Die Gäste im Irondale Café meinen: »Wieso denn nicht?«

Für dieses Buch haben wir die Rezepte wieder auf kleinere Mengen umgerechnet, schließlich wollen Sie für Ihre Familie kochen und nicht für ein ganzes Café. Weil ich mich selbst für eine Expertin der Café-Küche halte – der Himmel ist mein Zeuge, daß ich immer ein zufriedener Gast war –, können Sie mir glauben, daß ich jedes einzelne Rezept für Sie ausprobiert habe, denn ich wollte sichergehen, daß alle exakt, richtig und authentisch sind. Und ich sah mich gezwungen, manche dieser Rezepte immer wieder zu testen – vor allem den Kokosnußkuchen und die Pekannußtorte.

Das war Schwerstarbeit – aber irgend jemand mußte sie ja erledigen. Viel Glück und guten Appetit!

Fannie Flagg

NDALE CAFE
Cola

Kapitel 1

Frühstück

Grits (Maiskuchen)

Als ich in den Norden kam, machten die Leute sich darüber lustig, daß mir Grits – Maiskuchen – so gut schmeckten. Wer so ein Zeug aß, meinten sie, müsse verrückt sein. Dann rümpften sie die Nase und guckten überheblich. Ich bekam Selbstzweifel und fragte mich, ob sie vielleicht recht hatten. DANN ASS ICH GELBE KOHLRÜBEN! Moral: Leute, die gelbe Kohlrüben essen, sollten nicht mit Steinen werfen ...

Grits. An ihnen scheiden sich die Geister. Grits trennen die Männer von den Jungen, die Frauen von den Mädchen, den echten Südstaatler vom Rest der Welt. Ohne sie ist das Frühstück kein Frühstück, ist wie eine Braut ohne weißen Schleier. Als ich zum erstenmal nach Kalifornien kam, war ich überrascht, daß dort Obst zusammen mit Speck und Eiern auf einem Teller serviert wurde. Ich fragte die Kellnerin, ob sie Grits hätten.

Sie schaute mich an und fragte: »Was ist ein Grit?«

»Nein, es geht nicht um ein Grit, es geht um Grits – Mehrzahl. Genau wie ›ihr alle‹ Mehrzahl ist, ich rede nie nur von einer einzelnen Person. Ach, ist ja auch egal ... Also, Grits sind kleine weißen Kuchen aus grob gemahlenem Mais, sie werden gegart und mit Butter serviert.«

»Ach so?« sagte sie. »Und so was essen Sie?«

»Ja«, antwortete ich. »Und nicht nur ich. Viele andere Leute auch.«

»Und wie schmecken Grits?«

Da hatte sie mich in die Enge getrieben. »Also ... na ja ... sie schmecken wie ...«

Sie fragte nach: »Warum mögen Sie sie?«

Fragen Sie jeden beliebigen Südstaatler, warum er

Grits mag, und er wird Sie verblüfft und verwirrt ansehen. Zunächst einmal versteht er die Frage überhaupt nicht. Dann wird er sich am Kopf kratzen und antworten: »Ich weiß wirklich nicht, warum … Wissen Sie es denn nicht?« Vermutlich ist das genauso wie mit der Liebe zu meiner Mutter: Ich liebe sie einfach …

Aber glauben Sie mir, es gibt nichts Köstlicheres als eine Portion heiße, dampfende Grits in süßer Butter mit einer Prise Pfeffer und Salz. Ich habe gehört, daß einige Leute Zucker darüberstreuen. Das finde ich entsetzlich. Aber meinetwegen, jeder nach seinem Geschmack. Egal, wie Sie sie essen, sie sind lecker. Und sie sind nicht nur gut, sondern finden auch vielseitige Verwendung. Ich persönlich habe ungekochte Grits schon zum Löschen von Feuer im Herd eingesetzt, im Notfall als Katzenstreu (für eine Südstaaten-Katze) benutzt und Feuerameisen mit Grits getötet; ich habe sie in Mull eingewickelt und in meine Schränke gelegt, damit sie die Feuchtigkeit herausziehen, und sie haben als kleine »Schnee«haufen die Weihnachtskrippe geschmückt. Also gilt mein ehrerbietiger Gruß Ihnen, Mister Grit ... Na ja, Mister und Mistress Grits.

Cheese Grits
Maiskuchen mit Käse

4 Tassen Wasser
½ TL Salz
1 Tasse gemahlenen Mais
½ Tasse Butter oder Margarine
1 Paket (ca. 170 g) Frischkäse mit Knoblauch oder 170 g Velveta-Käse
1 Tasse (ca. 115 g) Colby-Käse (oder Hartkäse), gerieben
3 Eier, verquirlt

Wasser in einem großen Topf zum Kochen bringen; salzen und den gemahlenen Mais nach und nach dazugeben. Zudecken, Hitze reduzieren und unter gelegentlichem Umrühren 10–15 Minuten leicht köcheln lassen, bis die Masse sehr dick ist. Butter, Frischkäse und ½ Tasse Colby-Käse dazugeben; umrühren, bis der Käse geschmolzen ist. Vom Herd nehmen. Ein Drittel der heißen

Mischung schnell unter die Eier rühren, dann diese Masse unter ständigem Rühren zu dem restlichen heißen Brei geben. In eine leicht gefettete Backform (ca. 28 cm) geben und bei 175 Grad 55 Minuten backen. Mit dem restlichen Käse bestreuen und noch 5 Minuten überbacken. Ergibt 6–8 Portionen.

Schmeckt wunderbar zu gekochtem Schinken, Schweinekoteletts oder jedem anderen Gericht. Als Beilage viel köstlicher als Kartoffeln.

Achtung:
Irgendwo da draußen in der Welt gibt es einen Mann namens Noel, der mich im Juni 1961 in Birmingham besuchte. Ich habe versucht, eine Schüssel Cheese Grits für ihn zuzubereiten. Kurz darauf erfuhr ich, daß er mit Darmverstopfung ins Krankenhaus gekommen war. Noel, wenn du das hier jetzt liest, ruf mich an! Ich glaube, ich weiß jetzt, was ich falsch gemacht habe.

Corn Pones

Hierbei handelt es sich um länglich geformte Maisbrötchen (nur aus Maismehl und Wasser). Die frühen Siedler lernten sie bei den amerikanischen Ureinwohnern kennen. Wir nennen sie Corn pones oder Corn dodgers.

2¼ Tassen Wasser, kochend
3 Tassen Maismehl mit beigemischtem Backpulver
¼ Tasse plus 1 EL zerlassenes Speckfett oder Backfett

Das kochende Wasser langsam unter das Maismehl rühren; 2 EL Fett dazugeben und gut mischen. In einer gußeisernen Pfanne (ca. 25 cm) 2 EL Fett verstreichen. Die Hände mit kaltem Wasser anfeuchten; Maismehlmischung zu Kugeln rollen (ca. 5 cm Durchmesser), daraus Brötchen von etwa 7,5 x 5 cm Größe formen. Vor jedem Arbeitsgang die Hände in kaltes Wasser tauchen. Brötchen in die Pfanne legen, die Seiten sollten sich leicht berühren. Oberflächen mit dem restlichen Fett bestreichen. Bei 230 Grad 35–45 Minuten oder bis die Brötchen leicht gebräunt sind, backen. Ergibt etwa 10 Stück.

Waffles
Waffeln

2 Eier
1¼ Tasse Buttermilch
¼ TL Natron
½ Tasse Pflanzenöl
1 EL Zucker
1 ¾ Tassen Mehl mit beigemischtem Backpulver

Eier in eine Rührschüssel schlagen, Buttermilch, Natron, Öl und Zucker dazugeben, mit einem Schneebesen gut verrühren. Mehl dazugeben und glattrühren. Teig in ein gefettetes, heißes Waffeleisen füllen. Backen, bis es nicht mehr dampft und die Waffeln goldbraun sind. Ergibt 12 Waffeln von 10 cm Durchmesser.

Wenn gewünscht, vor der Zubereitung ⅓ Tasse feingehackte Pekannüsse unterrühren.

Buttermilk corncake pancakes
Maispfannkuchen mit Buttermilch

2 Eier
1/4 Tasse Pflanzenöl oder zerlassene Butter
2 Tassen Buttermilch
1 EL Zucker
2 TL Backpulver
1/2 TL Natron
1/2 TL Salz
1 Tasse Weizenmehl
3/4 Tasse Maismehl mit beigemischtem Backpulver

Eier in eine große Schüssel schlagen, die restlichen Zutaten in der angegebenen Reihenfolge unterrühren und zu einem glatten Teig verarbeiten.

Pro Pfannkuchen etwa 1/4 Tasse Teig in eine heiße, leicht gefettete Pfanne geben. Pfannkuchen drehen, wenn sich auf der Oberseite Blasen zeigen. Mit Sirup oder heißer Marmelade servieren. Ergibt etwa 16 Stück von 10 cm Durchmesser.

Der Kaffee-Club – und den gibt es in jedem Café – besteht im allgemeinen aus allen älteren Männern der Stadt. Sie kommen um 6 Uhr morgens ins Café, um ihren Kaffee zu trinken und die letzten Neuigkeiten untereinander auszutauschen. Die meisten dieser alten Knaben machen das schon seit dreißig Jahren oder länger – sie diskutieren über die Ereignisse in ihrer Stadt, in ihrem Bundesstaat, in ihrem Land, und sie bringen die Welt in Ordnung. Ich freue mich, Kaffee-Club-Ehrenmitglied in meiner Heimatstadt in Alabama zu sein, und ich sage Ihnen, nirgends erfährt man so genau, was wirklich los ist. *Vergessen* Sie Zeitungen, Fernsehen, Radio: Wenn ich wissen will, was sich *tatsächlich* ereignet, aus welcher Richtung der Wind bläst, dann gehe ich in mein Café und höre einfach zu. Hier haben sich Wissen und Weisheit versammelt, die für mehrere Generationen reichen würden, und so ist das überall im Land. Setzen Sie sich irgendwann mal dazu, und schon bald sind Sie schlauer als viele andere.

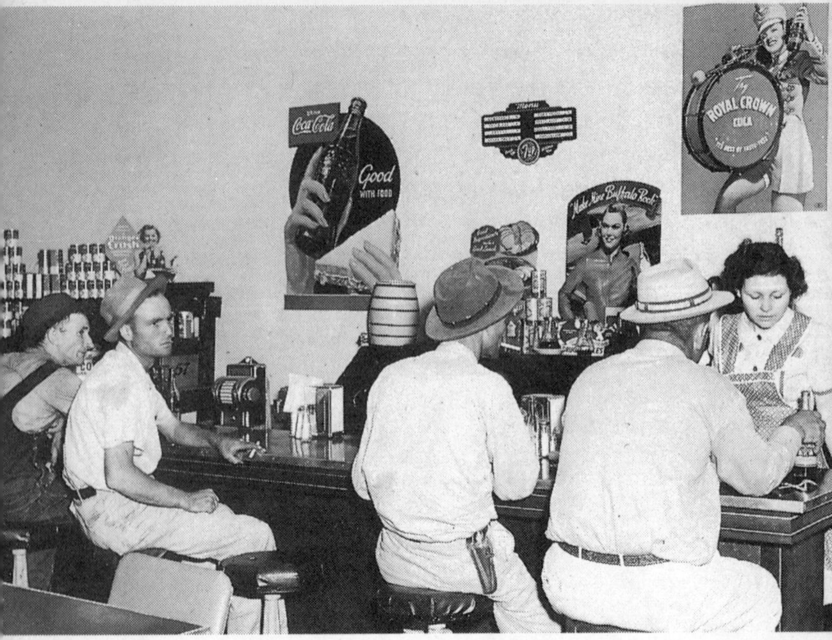

Achtung:
Nouvelle cuisine: Ist das nicht die französische Bezeichnung für zu kleine Portionen, die dann noch nicht einmal gar sind?

Kapitel 2

Spezialitäten

Nachdem sie den Hershey-Schokoladenriegel ohne Mandeln zur Hälfte verzehrt hatte, erinnerte sie sich an einen Landstreicher, den sie einmal gekannt hatte.

»Großer Gott, was mag wohl aus Smokey Lonesome geworden sein? Ich habe keine Ahnung, wo er jetzt steckt. Wahrscheinlich ist er tot. Oh, ich weiß noch ganz genau, wie das war, als er zum erstenmal ins Café kam. Ich aß gerade gebratene grüne Tomaten, und da klopfte er an die Hintertür und wollte was zu essen. Idgie ging in die Küche und führte den armen Kerl ins Lokal. Er war ganz schmutzig von seiner Wanderschaft und den langen Fahrten in den Frachtwaggons. Sie schickte ihn auf die Toilette und sagte, er solle sich waschen, danach würde sie ihm etwas zu essen geben. Dann füllte sie einen Teller für ihn und meinte, er sei der einsamste Typ, den sie je gesehen habe. Eigentlich hieß er Smokey Phillips, aber sie nannte ihn Smokey Lonesome. Und später rief sie, wann immer er die Straße herabtrottete: ›Da kommt der alte Smokey Lonesome!‹«

Der geliebte Vogel

Alle Leute aus Alabama lieben Geflügel – Hähnchen, Truthahn, Wachteln. Manche behaupten, wir äßen alles, was Federn hat. Als Kind habe ich von einer Familie gehört, die angeblich versucht hatte, den Staubwedel zu kochen. Aber vielleicht stimmt das doch nicht so ganz ...

Fried chicken livers
Gebratene Hühnerleber

450 g Hühnerleber
1 Tasse Buttermilch
1 Tasse Mehl mit beigemischtem Backpulver
Pflanzenöl

Leber in die Buttermilch legen, 10 Minuten stehen lassen. In einem Sieb abtropfen lassen und dann in Mehl wälzen. In reichlich heißem Öl (75 Grad) 3–4 Minuten schmoren, bis die Leber gebräunt ist. Abtropfen lassen, würzen. Ergibt 4 Portionen.

Mir schmeckt dieses Gericht auch mit Zwiebeln sehr gut. Nichts geht über frische Hühnerleber ... Ich esse sie mit Eiern zum Frühstück. Und als Omelettfüllung ist sie einfach köstlich. Nichts schmeckt besser als gebratene Hühnerleber.

Mein Großpapa spielte mit seinem alten Gockel immer Dame, und der Hahn gewann meistens. Wen wundert es

da, daß ich so viel Ehrfurcht Hähnen gegenüber habe? Hähnchen, Hähnchen, Hähnchen, ich liebe sie einfach! Man kann sie braten, man kann sie backen, man kann sie dämpfen, man kann sie kochen, man kann sie grillen, man kann sie mit Klößen servieren oder mit Reis, man kann sie zu einer Suppe verarbeiten oder zu Kroketten oder aber zu Pasteten. Gibt es überhaupt etwas *Besseres?* Hähnchengerichte verkaufen sich in jedem Café am allerbesten, und ich denke, sie sind deswegen immer so gut, weil sie durch den schnellen Umsatz immer frisch sind.

Creamed chicken
Rahmhühnchen

1/4 Tasse Butter oder Margarine
1/2 Tasse Stangensellerie, in dünne Scheiben geschnitten
1/4 Tasse Mehl
1 1/2 Tassen Milch
1/2 TL Salz
Prise Pfeffer
Prise Paprika
2 Tassen gekochtes Hühnerfleisch, gewürfelt
3 große Biskuits oder 3 Scheiben Toast, halbiert

Butter bei mittlerer Hitze in einem kleinen Topf zerlassen, den Sellerie dazugeben, zudecken und weich kochen. Mehl über die Mischung streuen und unterrühren. Unter ständigem Rühren 1 Minute kochen. Nach und nach die Milch dazugeben und weiterrühren, bis die Mischung glatt ist. Salz, Paprika und Hühnerfleisch dazugeben. Unter ständigem Rühren die Mischung dick werden lassen. Auf Biskuits oder Toast servieren. Ergibt 3 Portionen.

Wenn Ihnen die Sauce zu dick ist, verdünnen Sie sie mit etwas Wasser und lassen Sie sie 1 Minute leicht köcheln.

Chicken croquettes
Hühnerkroketten

3 EL Butter oder Margarine
3 EL Mehl
½ Tasse Milch
¼ TL Salz
¼ TL Pfeffer
½ Tasse Mayonnaise
2 Tassen gekochtes Hühnerfleisch, ganz fein gehackt
1 Ei, verquirlt
1 EL Milch
Mehl
1 Tasse Salzcracker, fein zerkrümelt

Butter bei niedriger Hitze in einer schweren Pfanne zerlassen, Mehl dazugeben und glattrühren. Unter ständigem Rühren 1 Minute kochen. Nach und nach 1 Tasse Milch dazugeben und bei mittlerer Hitze unter ständigem Rühren kochen, bis die Mischung sich vom Pfannenrand löst. Salzen und pfeffern. Vom Herd nehmen, Mayonnaise und Hühnerfleisch unterrühren. Zugedeckt 1 Stunde kalt stellen.

Mischung zu 6 Kugeln oder Röllchen formen. Ei und Milch gut verrühren. Kroketten in Mehl wälzen, in die Milchmischung tauchen und mit Crackerkrümeln panieren. Jeweils 2 oder 3 Kroketten 3–5 Minuten bei 180 Grad goldbraun frittieren. Auf Haushaltspapier abtropfen lassen. Ergibt 6 Portionen.

Vergessen Sie nicht, daß die Südstaaten einst eine schwere Kriegsniederlage erlitten. Das hat unsere Gefühle verletzt. Seien Sie daher nachsichtig und verzeihen Sie uns, wenn wir nur allzu gern mit unseren Football-Teams, unseren hübschen Mädchen und unserer Küche prahlen. Na ja, Gerechtigkeit muß sein …

Skinless fried chicken
Gebratene Hühnerbrust ohne Haut

8 Hühnerbrusthälften
Salz
Eiswasser
2 Tassen Buttermilch
2–3 Tassen Mehl
Pflanzenöl

Haut von den Hühnerbrusthälften entfernen. Fleisch in einen großen Topf legen, vollständig mit gesalzenem Eiswasser bedecken (knapp 2 TL Salz auf 1 Liter Wasser). Zugedeckt über Nacht in den Kühlschrank stellen.

Etwa 2 Stunden vor der Zubereitung das Fleisch abtropfen lassen und trocken tupfen. In eine große Schüssel geben, mit Buttermilch übergießen und bis zur Zubereitung wieder in den Kühlschrank stellen. Fleisch abtropfen lassen, in Mehl wälzen und darauf achten, daß es überall gut mit Mehl bedeckt ist. 10 Minuten frittieren, bis das Fleisch gar ist. Nebeneinander auf einem großen, flachen Backblech abtropfen lassen. Ergibt 8 Portionen.

Ich reiche dazu besonders gern Biskuits mit Honig!

Es heißt, nur die Bibel verkaufe sich besser als Kochbücher. Daran sehen Sie, wie wichtig das Essen für uns ist. Ich versuche, mich nicht öfter als dreimal am Tag ernsthaft mit Nahrung zu befassen. Oder viermal, wenn ich es hinkriege.

Smothered chicken
Hähnchen in Sauce

1 Brathähnchen (1–1½ kg), zerteilt
½ Tasse plus 2 EL Mehl mit beigemischtem Backpulver
½ TL Salz
½ TL Pfeffer
½ Tasse Pflanzenöl
1 Tasse Bier
1 Tasse Milch
½ TL Salz
Pfeffer

Fleisch abspülen und mit Haushaltspapier trocken tupfen. ½ Tasse Mehl, ½ TL Salz und ½ TL Pfeffer mischen und das Fleisch darin wälzen. Öl bei mittlerer Hitze in einem großen gußeisernen Topf erhitzen. Fleisch hineingeben und auf beiden Seiten gut bräunen. Fleischteile mit der Haut nach oben drehen, Topf zudecken, Hitze reduzieren und 15 Minuten köcheln lassen. Fleisch herausnehmen. Bratfett bis auf ein Viertel abgießen.

2 EL Mehl, Bier, Milch, ½ TL Salz mischen und mit Pfeffer würzen, glatt rühren. In den Topf geben und unter ständigem Rühren bei mittlerer Hitze dick werden lassen. Fleisch dazugeben und in der Sauce wenden. Zugedeckt 15 Minuten köcheln lassen. Ergibt 4–6 Portionen.

Das Fleisch ist so zart, daß es fast von den Knochen fällt … Dazu Biskuits, Kartoffeln oder Reis servieren.

Chicken and dumplings
Hähnchen mit Klößen

1 Brathähnchen (1–1½ kg), zerteilt, ohne Haut
6 Tassen Wasser
1 EL Salz
1 TL Pfeffer
1 Tasse Milch
2 EL Margarine
2 Tassen Mehl mit beigemischtem Backpulver, durchgesiebt
⅓ Tasse Backfett
½ Tasse Wasser

Fleisch in einen schweren Topf legen, 6 Tassen Wasser, Pfeffer und Salz dazugeben. Zum Kochen bringen. Zudecken, Hitze reduzieren und 45–60 Minuten köcheln lassen, bis das Fleisch sehr weich ist. Aus der Brühe nehmen und abkühlen lassen. Fleisch von den Knochen lösen und würfeln. Milch und Margarine in die Brühe geben und aufkochen.

Backfett in das Mehl schneiden und mit einem Rührgerät zu einer groben Masse verarbeiten. ½ Tasse Wasser dazugeben und mit einer Gabel umrühren, bis der Teig sich vom Schüsselrand löst. Für die Klöße: Entweder Teig auf einer leicht mit Mehl bestäubten Fläche 3 mm dünn ausrollen, in Quadrate (etwa 5 x 5 cm) und dann in schmale Streifen (1–1½ cm) schneiden. Oder den Teig auf einer leicht mit Mehl bestäubten Fläche flachklopfen (etwa 1–1½ cm dick), etwa 4 cm große Stücke abteilen und Klöße formen.

Klöße einzeln in die kochende Brühe geben. Zudekken, Hitze reduzieren und 15 Minuten garen. Mehrmals umrühren, damit sie nicht kleben. Fleisch in die Brühe rühren und erhitzen. Ergibt 6–8 Portionen.

Soll das Gericht angedickt werden, 2 EL Mehl mit ¼ Tasse Milch verquirlen, zu dem Fleisch in den Topf geben und unter Rühren dick werden lassen.

Die Klöße sind ganz leicht und locker. Ich bin erstaunt, was man heutzutage alles als Klöße verkauft, sie sind so schwer und fest, daß man damit lieber Baseball spielen sollte.

Feuerwehrmänner (und inzwischen auch Feuerwehrfrauen) versetzen mich in helle Begeisterung. Ich habe noch keinen Menschen bei der Feuerwehr getroffen, den ich nicht mag. Ich gestehe, ich hatte mal eine Verabredung mit einem Feuerwehrmann. Das ist ganz wörtlich zu nehmen: Es blieb bei einer Verabredung. Ich beschloß, für ihn zu kochen und entschied mich für Hähnchen mit Klößen. Aber ich muß wohl was vergessen haben. Ich glaube, es war das Hähnchen ...

Chicken pot pie
Hähnchenpastete

1 Brathähnchen (1–1½ kg), zerteilt, ohne Haut
1 EL Salz
1 TL Pfeffer
450 g tiefgefrorenes Mischgemüse, gekocht und abgetropft

1 Glas (ca. 60 g) rote Pfefferschoten, gewürfelt und abgetropft
1/3 Tasse Mehl mit beigemischtem Backpulver
1/2 Tasse Bier, Milch oder Wasser
Teig (siehe S. 44)
Margarine, zerlassen

Hähnchen in einem schweren, mittelgroßen Topf knapp mit Wasser bedecken, Salz und Pfeffer beifügen. Aufkochen. Zudecken, Hitze reduzieren und 45–60 Minuten köcheln lassen, bis das Fleisch sehr weich ist. Aus der Brühe nehmen und abkühlen lassen. Fleisch von den Knochen lösen und zerkleinern. 4 Tassen Brühe beiseite stellen. Sollte Brühe übrig bleiben, zur späteren Verwendung aufbewahren.

Fleisch, Gemüse und rote Pfefferschoten mit den 4 Tassen Brühe in einen Topf geben. Mehl und Bier (oder Milch oder Wasser) verquirlen und in die Brühe geben. Unter ständigem Rühren kochen, bis die Mischung dick ist.

Jeweils die Hälfte des Teigs verarbeiten. Auf einer mit Mehl bestäubten Fläche zu einem gut 1/2 cm dicken Rechteck ausrollen, in 1–1 1/2 cm breite Streifen schneiden. Die eine Hälfte der Streifen in 3 mm Abstand auf dem Boden und an den Seiten einer Backform (30 x 20 cm, 5 cm hoch) verteilen; Streifen, wenn nötig, passend schneiden. Hähnchenmischung in die Backform füllen, die andere Hälfte der Teigstreifen mit 3 mm Abstand drauflegen. Leicht mit zerlassener Margarine bestreichen. Bei 175 Grad 60 Minuten goldbraun backen. Ergibt 6–8 Portionen.

Bereiten Sie mehrere Hähnchentöpfe zu und frieren

Sie sie für die Tage ein, an denen Sie keine Lust zum Kochen haben. Können Sie 362 überbackene Hähnchentöpfe einfrieren?

Teig für Hähnchentopf

2 Tassen Mehl
1 TL Salz
2/3 Tasse Backfett
5–6 EL Wasser

Mehl und Salz mischen, Backfett hineinschneiden und mit dem Mixer krümelig rühren. Jeweils 1 EL kaltes Wasser über die Mischung verteilen und mit einer Gabel verrühren, bis der Teig feucht ist. Auf ein Stück Pergamentpapier legen und in einen Teller drücken. Gut einwickeln und in den Kühlschrank stellen.

Als ich eines Tages in ein recht feines Café in Alabama, ins »Jewelyns«, ging, war man gerade bei einer Verlosung. Auf einem Schild stand: GEWINNEN SIE EINE REISE FÜR 2 PERSONEN IN DIE KARIBIK … ODER 2 GRATISESSEN IM JEWELYNS. Die meisten Leute hofften, die Gratisessen zu gewinnen …

Barbecue chicken
Barbecue-Hähnchen

6 Hühnchenbrustviertel, ohne Haut
Salz
Pfeffer
evtl. 1/3 Tasse Margarine, zerlassen
3 Tassen Barbecue-Sauce (siehe TANTE BESS' BARBECUE-SAUCE, Seite 96), erhitzt

Hühnchenbrustviertel in eine Backform (33 x 23 x 5 cm) legen, salzen und pfeffern, evtl. mit Margarine bestreichen. Fest mit Alufolie verschließen, bei 175 Grad 1¼–1½ Stunden backen. Folie entfernen, Bratfett abgießen. Vor dem Servieren Fleisch mit heißer Barbecue-Sauce übergießen. Ergibt 6 Portionen.

Einer der Gründe, warum wir Südstaatler so gern essen und so große Portionen servieren, liegt wohl darin, daß die Wirtschaftskrise den Süden besonders hart getroffen hat. Die Menschen hungerten damals wirklich, und viele wären fast gestorben. Diese Angst, nicht genug zu essen zu haben, wurde von den Großeltern und Eltern an uns weitergegeben. Meine Mutter hat die Zeit der Wirtschaftskrise miterlebt und erfahren, was Hunger ist, daher war ihre Vorratskammer später immer gefüllt. Es war eine Ungeheuerlichkeit, *nicht* alles aufzuessen, was auf dem Teller lag. Als Scarlett O'Hara in »Vom Winde verweht« sagte: »Ich werde nie wieder hungern«, meinte sie das ganz ernst.

Truthahn muß sein

Manchen Südstaatlern ist es gleichgültig, wie der Vogel aussieht, den sie auf den Tisch bringen. Die Generation meiner Eltern beispielsweise, und auch die davor, füllte den Truthahn nie, damit er schön rund wurde. Ihnen war nur wichtig, daß es ausreichend Bratensaft gab, der von Maisbrot und Biskuits aufgesogen wurde, und daß kleine Fleischstücke vom Knochen fielen, die man in die Sauce rühren konnte. Und einige Leute braten den Vogel sogar mit der Vorderseite nach unten, damit der fettere Bratensaft vom dunklen Fleisch hinunter zum weißen läuft und die Brust zarter macht. Jedenfalls war das so, bevor die Truthähne aus moderner Zucht auf den Markt kamen.

Wenn Sie den Vogel in Folie wickeln, wird das Fleisch mit Dampf gegart, nicht gebraten. So wird der Truthahn sehr saftig, ohne daß Sie ihn ständig übergießen müssen.

Baked turkey with traditional cornbread dressing
Gebratener Truthahn mit traditioneller Maisbrot-Füllung

1 Truthahn (4½–5½ kg), aufgetaut
Salz
½ Tasse Margarine, zerlassen

Innereien herausnehmen, Hals abschneiden. Truthahn waschen und mit Haushaltspapier trocken tupfen. Innen und außen salzen, auf zwei große, über Kreuz gelegte Streifen Alufolie plazieren und rundherum mit zerlassener Margarine bestreichen. Truthahn einwickeln, dabei die Folie nicht zu fest andrücken, damit sie beim Garen nicht am Fleisch klebt. An den Enden fest verschließen. Bei 190 Grad 3½–4½ Stunden garen, bis das Fleisch weich ist. Aus dem Ofen nehmen, die Alufolie an einem Ende vorsichtig entfernen, Bratensaft in einen Topf abgießen, mit Wasser zu 2 Tassen Brühe auffüllen. Für die Maisbrot-Füllung, die eigentlich eine Beilage ist, beiseite stellen.

Truthahn vor dem Servieren 30 Minuten in der Folie abkühlen lassen, herausnehmen, Haut entfernen und das Fleisch in Portionen schneiden. Mit Maisbrot-»Füllung« servieren. Ergibt 12–14 Portionen.

Cornbreaddressing
Maisbrot-Füllung

6 Tassen Maisbrot-brösel
2 Tassen Biskuitbrösel (Paniermehl)
½ TL Salz
1 TL Pfeffer
1½ TL Salbei, getrocknet und gerebelt
2 Tassen Sellerie, gehackt
1½ Tassen Zwiebeln, fein gehackt
½ Tasse Butter oder Margarine
⅓ Tasse Wasser
2 Tassen Brühe
½ Tasse Pflanzenöl
3 Eier, leicht verquirlt

Die ersten fünf Zutaten in einer großen Schüssel mischen, beiseite stellen. Sellerie, Zwiebeln, Butter und Wasser in einen mittelgroßen Topf geben und bei mittlerer Hitze zum Kochen bringen. Vom Herd nehmen und die Maisbrot-Krümel mit dem Paniermehl dazugeben. Brühe, Öl und Eier unterrühren, gut mischen. In eine gefettete, flache Backform (28 cm) geben, ohne Deckel bei 190 Grad 45 Minuten backen, bis die Mischung fest und goldbraun ist. Ergibt 12–14 Portionen.

Wenn Sie nicht aus gesundheitlichen Gründen Margarine essen müssen, rate ich zu frischer Butter. Die neuesten Nachrichten von der Front der Ernährungswissenschaftler bestärken mich darin. Halten Sie sich auf dem laufenden!

Rindfleisch

Kellnerinnen sind die Heldinnen, denen man keine Ständchen bringt: Sie alle haben eine Medaille verdient – und mit Sicherheit mehr Trinkgeld.

Hat es je Menschen gegeben, die für weniger Geld härter gearbeitet haben als die Kellnerinnen? Bei Regen oder Sonnenschein sind sie jeden Tag da, um Sie mit einem Lächeln zu bedienen. Die meisten sind schon eine Stunde oder länger mit den Vorbereitungen beschäftigt, bevor Sie überhaupt einen Fuß in das Café setzen, und dennoch lächeln sie. Die meisten dieser Mädchen sind alleinerziehende Mütter, die nach einem schweren Arbeitstag nach Hause gehen, putzen und kochen und ihre eigene Familie versorgen; oft ist nicht genug Geld für Essen und Kleidung da, und dennoch lächeln sie. Der Ehemann ist vielleicht ein Trinker oder einfach abgehauen; der älteste Sohn sitzt vielleicht im Knast, das jüngste Kind braucht vielleicht dringend eine Brille, aber von all diesen Sorgen erfahren Sie nichts, denn sie lächeln. »Hallo, und was essen wir heute?«

Wie sie da den Café-Marathon hinter sich bringen, den ganzen Tag schwere Tabletts schleppen – was die körperliche Ausdauer angeht, da müßten sich die verwöhnten Primadonnen des Football und des Baseball, die in einer Saison Millionen scheffeln, kräftig anstrengen, um mit den Kellnerinnen mitzuhalten. Und anders als die teuren Knaben arbeiten diese Mädchen nicht nur in den paar Jahren, in denen sie bestens bei Kräften sind. Frauen über 60 und 70 sind immer noch auf den Beinen, um ein paar Kröten dazuzuverdienen, weil ihre Rente nicht reicht; sie rennen, bis sie einfach umfallen. Ob sie unter Schmerzen leiden, ob ihre Füße sie fast umbringen, ob sie große Sorgen haben – stets vermitteln sie Ihnen das Gefühl, ein gern gesehener Gast zu sein, verraten Ihnen, welches Tagesgericht besonders gut ist, oder bewahren Ihnen ein Stück von Ihrer Lieblingstorte auf. Ich kann das Loblied auf die Kellnerinnen gar nicht laut genug singen. Ich habe im Laufe der Jahre sehr viele kennengelernt, und ich danke allen für ihre treuen Dienste. Ob Ihre Kellnerin nun Thelma, Earline, Neva Jean oder Dot heißt: Vergessen Sie das Trinkgeld nicht. Gehen Sie zurück zu Ihrem Tisch und verdoppeln Sie es.

Oven roast
Braten aus dem Backofen

1½–2 kg Rinderlende oder Rose, ohne Knochen
1½ EL Worchester-Sauce
½ EL Sojasauce
1 TL Knoblauchpulver
1 TL Kräutersalz
1 TL Pfeffer
¼ Tasse Mehl mit beigemischtem Backpulver
Wasser

Fleisch zuerst mit Worchester-Sauce und Sojasauce einreiben, dann mit den folgenden drei Zutaten. Fest in doppelt dicke Alufolie einwickeln und in einen Bratentopf legen. Bei 160 Grad 3–3½ Stunden garen, bis das Fleisch sehr weich ist, das heißt, bis es auseinanderfällt, Fleisch vorsichtig auswickeln, Bratensaft abgießen und auffangen. Braten auf eine Servierplatte legen und warm stellen.

Bratensaft abmessen, mit Wasser auf 3 Tassen auffüllen. In einen Topf gießen. Mehl dazugeben und glattrühren. Unter ständigem Rühren bei mittlerer Hitze kochen, bis die Sauce angedickt und glatt ist. Zum Braten servieren. Dazu Kartoffelbrei oder junge Kartoffeln reichen. Ergibt 6–8 Portionen.

Anmerkung: Soll die Sauce dicker werden, ⅓ Tasse Mehl mit beigemischtem Backpulver dazugeben.

Pot roast
Schmorbraten

1½ kg Rinderlende oder -nacken
1 TL Knoblauchpulver
1 TL Kräutersalz
1 TL Pfeffer
3 EL Pflanzenöl
2 Tassen Wasser
1 große Zwiebel, in Achtel geschnitten
5 Möhren, in 5 cm lange Stücke geschnitten
3 große oder 4 mittelgroße Kartoffeln, geviertelt
Wasser
¼ Tasse Mehl mit beigemischtem Backpulver

Fleisch mit den Gewürzen einreiben und in einem großen Schmortopf in Öl bei mittlerer Hitze anbräunen. 2 Tassen Wasser dazugeben, Zwiebelstücke auf das Fleisch legen. Mit einem Deckel fest zudecken, Hitze reduzieren, Fleisch 1½–2 Stunden schmoren, bis es sehr weich ist. Kartoffeln und Möhren in den Topf geben. Fest zudecken und weitere 30 Minuten schmoren, bis das Gemüse gar ist.

Vom Herd nehmen, Braten und Gemüse auf eine Servierplatte legen und warm stellen. Bratensaft im Schmortopf abmessen, mit Wasser auf 3 Tassen auffüllen. In den Schmortopf geben, Mehl dazugeben und unter ständigem Rühren bei mittlerer Hitze kochen, bis die Sauce angedickt ist. Mit Pfeffer und Salz abschmecken. Zum Fleisch und Gemüse servieren. Dazu Biskuits reichen. Ergibt 6–8 Portionen.

Das hier ist zweifellos der beste Braten, den ich je gegessen habe. Er ist weich und gehaltvoll und einfach gut, er sättigt und schmeckt wirklich noch genauso gut wie am ersten Tag.

Bei meiner Tante Bess hing ein Schild an der Tür, auf dem stand: WIR ÖFFNEN BEI SONNENAUFGANG UND SCHLIESSEN NICHT, BEVOR DER LETZTE HUND AUFGEHÄNGT IST. Als Kind habe ich mich immer gefragt, was das zu bedeuten hatte. Vermutlich wollte sie damit sagen, daß sie nicht schließen würde, solange noch ein einziger Gast anwesend war. Und so war es auch, sie schloß erst, wenn alle nach Hause gegangen waren.

Beef tips and rice
Rinderwürfel mit Reis

1½ kg Rinderlende
⅓ Tasse plus 3 EL Mehl
¼ Tasse plus 1 EL Pflanzenöl
1 große Zwiebel, gehackt
1 grüne Paprikaschote, gehackt
4 Tassen Wasser
¼ Tasse Worchester-Sauce
¼ Tasse Sojasauce
1 TL Knoblauchpulver
1 TL Kräutersalz
½–1 TL Pfeffer
⅓ Tasse Wasser

Fett abschneiden, Fleisch in knapp 4 cm große Würfel schneiden, in ⅓ Tasse Mehl wälzen, beiseite stellen.

2 EL Öl in einem schweren Schmortopf erhitzen, Zwiebel und Paprika dazugeben und gar schmoren. Aus dem Topf nehmen und beiseite stellen. Restliches Öl in den Schmortopf geben, bei mittlerer Flamme erhitzen. Fleischwürfel dazugeben und braun schmoren. Gemüse wieder in den Topf geben, Wasser und die folgenden 5 Zutaten hinzufügen. Aufkochen, dann Hitze reduzieren, bei locker aufgelegtem Deckel 1 Stunde leicht schmoren lassen.

Das restliche Mehl in ⅓ Tasse Wasser verquirlen, unter das Fleisch rühren und kochen lassen, bis die Sauce angedickt ist. Auf Reis servieren. Ergibt 6–8 Portionen.

Countrysteak

¾ Tasse Mehl
½ TL Salz
½ TL Pfeffer
4 Rindersteaks, je etwa 140 g
¼ Tasse plus 1 EL Pflanzenöl
1 Tasse Zwiebeln, gehackt
1 Tasse Wasser
1 Tasse Milch

Die 3 ersten Zutaten in einer flachen Schüssel vermischen, abmessen und ¼ davon beiseite stellen. Den Rest wieder in die flache Schüssel geben. Steaks flachklopfen (etwa ½ cm), beide Seiten in der Mehlmischung wälzen, dabei das Mehl in das Fleisch drücken. 3 EL Öl bei mittlerer Flamme in einer großen, schweren Pfanne erhitzen. Steaks noch einmal in der Mehlmischung wälzen, nacheinander auf beiden Seiten knusprig braun braten. Wenn nötig, zusätzlich 1 oder 2 EL Öl in die Pfanne geben. Steaks herausnehmen und beiseite stellen.

Zwiebel in der Pfanne hellbraun werden lassen. Unter Rühren Wasser dazugeben, um festklebende Teilchen zu lösen. Steaks wieder in die Pfanne legen, zugedeckt 30 Minuten leicht garen, bis das Fleisch weich ist. Fleisch aus der Pfanne nehmen, Bratensaft aufbewahren. Das beiseite gestellte Mehl in der Pfanne glatt rühren und unter ständigem Rühren hellbraun werden lassen. Milch mit einem Schneebesen unterrühren, unter ständigem Rühren dick werden lassen. Steaks wieder in die Pfanne legen, in der Sauce wenden und erhitzen. Ergibt 4 Portionen.

Einen guten Koch oder eine gute Köchin, die Bestellungen schnell annehmen und ausführen, sollte man mit Gold aufwiegen. Sie haben Nerven wie Stahlseile und arbeiten am besten, wenn sie unter Druck stehen. Beobachten Sie mal so einen Koch oder eine Köchin in einem Café, wenn der Frühstücksansturm einsetzt oder die Leute zum Mittag herbeiströmen. Diese Zauberer der Küche braten, kochen, grillen unermüdlich, sie schneiden und bestreichen Brot, wenden Pfannkuchen und vergessen keine Bestellung. Ich sage Ihnen eines: Sollte ich je in einer Krise stecken, in der ich keinen Menschen ertragen kann – so einen Koch oder eine Köchin aus einem Café würde ich jederzeit in meiner Nähe dulden …

Hamburger steak with onions and gravy
Hamburger mit Zwiebeln und Sauce

600 g Rinderhack
¾ Tasse Zwiebeln, fein gehackt
1 Ei
1 EL Worcester-Sauce
1 TL Kräutersalz
½ TL Pfeffer
½ TL Knoblauchpulver
⅓ Tasse Mehl mit beigemischtem Backpulver
3 EL Pflanzenöl
2 mittelgroße Zwiebeln, in dünne Scheiben geschnitten
2 Tassen Wasser
¼ Tasse Mehl
½ TL Kräutersalz
½ TL Salz
¼ TL Pfeffer

Die ersten 7 Zutaten gut mischen, zu 10–12 cm großen Hamburgern formen. In ⅓ Tasse Mehl wälzen. 3EL Öl bei mittlerer Flamme in einer großen, schweren Pfanne erhitzen, Hamburger hineinlegen und von beiden Seiten braun braten. Aus der Pfanne nehmen und beiseite stellen. Zwiebelscheiben in die Pfanne geben, Hitze reduzieren und Zwiebeln bräunen.

Wasser, ¼ Tasse Mehl, ½ TL Kräutersalz, Salz und ¼ TL Pfeffer gut verquirlen, in die Pfanne geben und unter ständigem Rühren dick werden lassen. Hamburger wieder in die Pfanne legen, in der Sauce wenden. Hitze reduzieren, Hamburger noch 15 Minuten zugedeckt garen. Ergibt 4 Portionen.

Hierbei entsteht reichlich Sauce, deswegen reicht man Reis und Biskuits zum Eintunken dazu.

Evelyn hatte einen Karton mit Tacos mitgebracht, von Taco Bell, drei Blocks von ihrem Haus entfernt, und Mrs. Threadgoode war fasziniert.

»Das ist mein erstes ausländisches Essen, abgesehen von diesen franko-amerikanischen Spaghetti, und es schmeckt mir.« Sie musterte ihren Taco. »Etwa so groß wie ein Chrystalburger, nicht wahr?«

Weil Evelyn unbedingt noch mehr über Ruth erfahren wollte, versuchte sie das Thema zu wechseln. »Mistress Threadgoode, ist Ruth in jenem Sommer aus Whistle Stop abgereist oder dageblieben?«

»Die waren so groß wie eine Scheibe Biskuit und mit kleingehackten Zwiebeln bestreut.«

»Was?«

»Die Chrystalburger.«

»Oh – ja, das stimmt, mit kleingehackten Zwiebeln. Und was war mit Ruth?«

»Was soll mit ihr gewesen sein?«

»Ich weiß, daß sie zurückgekommen ist. Fuhr sie in jenem Sommer nach Hause?«

»Ja, das tat sie. Früher bekam man für einen Vierteldollar fünf Stück. Ist das immer noch so?«

»Ich glaube nicht. Wann ist sie abgereist?«

Meatloaf
Hackbraten

1¼ Tassen feine Biskuit- oder frische Brotbrösel (Paniermehl)
1 Tasse Zwiebeln, fein gehackt
1 Tasse grüne Paprika, fein gehackt
¼ Tasse plus 2 TL Haferflocken
¼ Tasse plus 2 TL Tomaten, enthäutet, entkernt, fein gehackt
1 TL Kräutersalz
½ TL Pfeffer
1 TL Salbei, getrocknet und gerebelt
½ TL Knoblauchpulver
¼ Tasse plus 2 EL Milch
¼ Tasse plus 2 EL Tomatensauce (Fertigprodukt)
2 Eier, verquirlt
900 g Rinderhack

Die ersten 9 Zutaten in einer großen Schüssel gut vermengen. Milch, Tomatensauce und Eier unterrühren, Hackfleisch dazugeben und gut vermischen. Einen Laib (etwa 25 x 13 cm) formen, auf Alufolie und dann auf einen Bratrost legen. Bei 190 Grad 60–80 Minuten backen, bis der Hackbraten gar ist. Ergibt 8–10 Portionen.

Hackbraten mit Kartoffelmus … gibt es denn eine solidere amerikanische Mahlzeit? Nach so einem Essen geht es mir immer viel besser.

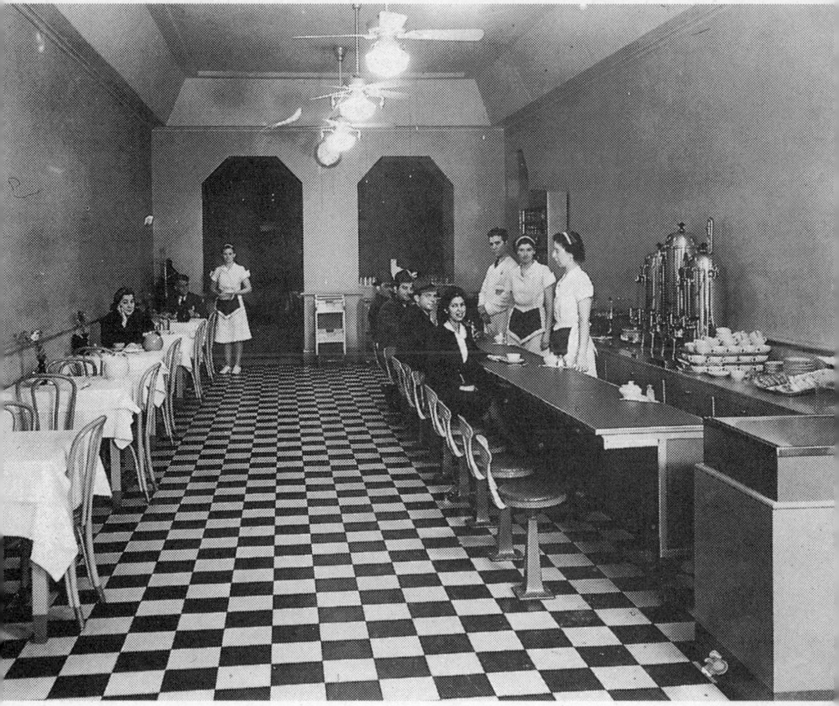

Stuffed Peppers
Gefüllte Paprikaschoten

6–8 große grüne Paprikaschoten
Salz und Pfeffer
350 g Rinderhack
1 mittelgroße Zwiebel, gehackt
1½ Tassen Reis, gekocht
1 Dose (etwa 440 g) Tomaten, gut abgetropft
1 Ei, verquirlt
½ TL Salz
¼ TL Pfeffer
Paniermehl oder geriebener Cheddar-Käse

Stiele entfernen und einen Deckel abschneiden, weiße Scheidewände und Kerne auskratzen. Schoten in kochendes Salzwasser geben, so daß sie bedeckt sind, und 3–5 Minuten garen. Abgießen und gut abtropfen lassen, unter kaltem Wasser abspülen. Innen und außen mit Haushaltspapier abtupfen. Innen mit Pfeffer und Salz bestreuen.

Hackfleisch und Zwiebeln unter Rühren in einer Pfanne bräunen. In einem Sieb abtropfen lassen, in eine Schüssel füllen und die folgenden 5 Zutaten dazugeben. Paprikaschoten mit der Mischung füllen und in eine gefettete Backform stellen. Mit Paniermehl bestreuen, bei 175 Grad 25 Minuten überbacken. Ergibt 6–8 Portionen.

Cafés gibt es nicht nur in Kleinstädten. Auch die Menschen in den Großstädten suchen immer noch gern die vertrauen Plätze auf, an denen man sie kennt. Wenn sie dort lächelnd gefragt werden, wie es ihnen geht, wissen sie, daß die Frage ernst gemeint ist.

Liver and onions
Leber mit Zwiebeln

450 g Kalbs- oder Rinderleber
Salz
Pfeffer
Mehl
2 EL Butter oder Margarine, zerlassen
¼ Tasse Butter oder Margarine
2 große Zwiebeln, in dünne Scheiben geschnitten
2 EL Mehl
¾ Tasse plus 2 EL Rinderbrühe
evtl. ¾ Tasse saure Sahne

Leber mit Salz und Pfeffer bestreuen und gut in Mehl wälzen. In 2 EL zerlassener Butter in einer großen Pfanne braten, bis beide Seiten leicht gebräunt sind. Aus der Pfanne nehmen und beiseite stellen.

¼ Tasse Butter bei mittlerer Hitze in einer Pfanne zerlassen, Zwiebeln dazugeben und schmoren, bis sie weich und hellbraun sind. Zwiebeln mit Mehl bestreuen und unter ständigem Rühren 1 Minute garen. Rinderbrühe dazugeben, weiterrühren und aufkochen lassen, bis die Sauce dick ist und Blasen wirft. Leber dazugeben und zugedeckt 10 Minuten garen lassen. Vom Herd nehmen und Leber auf einen Servierteller legen. Saure Sahne unter die Sauce in der Pfanne rühren und über das Fleisch gießen. Ergibt 4 Portionen. Mit heißen Butternudeln oder Reis servieren.

In Cafés bestelle ich immer Leber ... Dort verstehen sie sich darauf, und man kann sicher sein, daß die Leber auch frisch ist: das Geheimnis guter Lebergerichte.

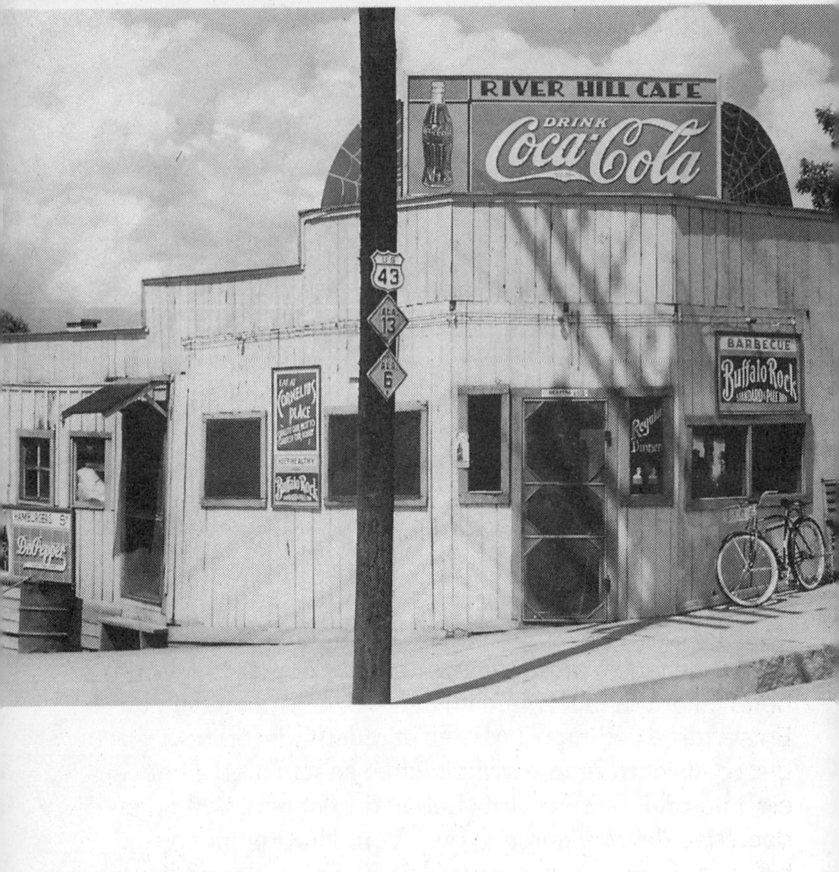
RIVER HILL CAFE
DRINK
Coca-Cola
43
13
6
BARBECUE
Buffalo Rock
Buffalo Rock
Dr Pepper

Mister Pig

Thank you, Mister Pig, danke Herr Schwein ... Anders gesagt: Gegen Schweinefleisch habe ich überhaupt nichts. Was die Leute heutzutage auch »weißes Fleisch« nennen, war für mich immer einfach nur gutes, altes Schweinefleisch, und es hat mir immer bestens geschmeckt.

Ich habe auf ziemlich drastische Weise erfahren, daß nicht alle Leute dieselbe Zuneigung zu Mr. Pig hegen wie wir Südstaatler. Das war während der Dreharbeiten zu »Grüne Tomaten«. Wir waren auf der Suche nach Lebensmittelgeschäften, in denen wir drehen konnten. Zusammen mit einer Mitarbeiterin aus unserem Team, einer Yankee-Dame aus dem Norden, betrat ich einen Laden. Ich blieb in der Fleischabteilung stehen, weil es dort etwas gab, was man in Los Angeles nicht allzu oft zu sehen bekommt. Da lagen Schweinepfoten, Schweineohren, Schweineschwänze und Schweineschnauzen sauber in Zellophan verpackt zum Verkauf bereit. Meine Begleiterin hatte so etwas wohl noch nie gesehen und war starr vor Entsetzen. Da ich nicht wußte, was für eine Angst sie vor diesen kleinen Schweineteilchen hatte, schnappte ich mir ein Paar Schweineohren und eine Schweineschnauze, dann drehte ich mich zu ihr um und grunzte aus Spaß ein bißchen. Ich fand das lustig – sie offenbar nicht. Ich behaupte das einfach, denn sie rannte durch den Laden, kreischte wie verrückt, und seitdem haben wir sie nie wieder gesehen.

Merke: Man sollte den Yankees keine Schweineschnauzen zeigen und sie nicht angrunzen. Das macht sie nervös.

Wie man einen frischen Schinken oder einen halben Schinken schmort

Von einem ganzen (4½–5½ kg) oder einem halben (2–3 kg) Schinken Haut und Fett mit einem scharfen Messer entfernen, nur auf der Oberseite eine dünne Fettschicht dranlassen. Diese Fettschicht rautenförmig einritzen, Fleisch in eine flache Bratschale legen und ein Fleischthermometer einführen. Es darf weder mit Fett noch mit Knochen in Berührung kommen. Fest mit Alufolie bedekken.

Bei 175 Grad 1 Stunde schmoren. Dann Temperatur auf 150 Grad zurückschalten und das Fleisch weitere 1–3 Stunden schmoren, bis das Thermometer 71 Grad anzeigt (18–20 Minuten pro 450 g bei einem ganzen Schinken, 25–30 Minuten pro 450 g bei einem halben). Etwa 30 Minuten bevor das Fleisch gar ist, aus dem Ofen nehmen, Alufolie entfernen und das Fleisch mit Gewürznelken spicken. ½ Tasse braunen Zucker und ¼ Tasse Cola mischen und das Fleisch damit bestreichen. Unbedeckt gar schmoren. Wenn gewünscht, mit halben Maraschino-Kirschen und Ananasscheiben dekorieren. Ergibt 2–3 Portionen pro 450 g.

Wenn Reste übrig bleiben, geben Sie Cola in eine Bratpfanne und erhitzen Sie das Fleisch darin. Sie werden überrascht sein, wie gut das schmeckt.

Baked ham and pineapple rings
Gebackener Schinken mit Ananasringen

1 Scheibe geräucherter Mittelschinken, etwa 7½ cm dick
1 Dose (etwa 500 g) Ananasscheiben in Sirup, nicht abgetropft
1 Tasse Cidre-Essig
1 Tasse brauner Zucker
1 EL Worcester-Sauce
½ TL Ingwer, gemahlen

Fett vom Schinken entfernen. Schinken in eine Bratschale legen, in die er genau hineinpaßt. Ananas abgießen, Saft aufbewahren. Restliche Zutaten in den Saft geben und gut vermischen. Über den Schinken gießen. Zugedeckt 3–4 Stunden oder über Nacht in den Kühlschrank stellen. Offen bei 150 Grad 2 Stunden schmoren, dabei gelegentlich mit der Sauce begießen. Ananasscheiben auf den Schinken legen und nochmal 1 Stunde schmoren, dabei häufig mit der Sauce begießen. Ergibt 6–8 Portionen.

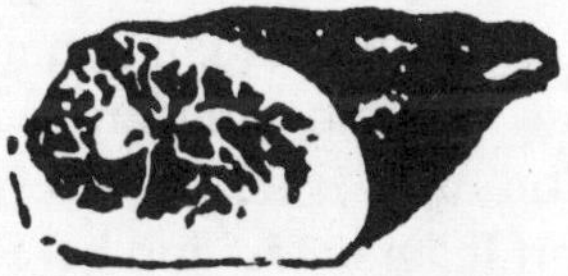

Manche Cafés haben ihre Dekoration auf ein Thema ausgerichtet. In Georgia gibt es eins voller ... na ja, Schweine-Motive. Man hat keine Ahnung vom Leben, wenn man nicht mindestens einmal in einem Raum gegessen hat, in dem man von tausend Schweinen umgeben ist. Meine Tante Bess beschränkte sich bei der Dekoration auf einen Eisenbahnkalender und einen Hirschkopf, an dem Christbaumkugeln baumelten. Ihre Aussichten, in einem Gourmet-Führer aufgenommen zu werden, waren minimal, aber ihre Gäste schluckten das, wenn man es so ausdrücken will.

Country ham with red-eye gravy
Landschinken mit Kaffeesauce

4 – 6 Scheiben Landschinken, gut ½ cm dick
1 Tasse starker Kaffee
1 EL weißer oder brauner Zucker

Schwarte abschneiden und wegwerfen. Überschüssiges Fett abschneiden und aufbewahren. Einen dünnen Fettrand stehen lassen und einschneiden, damit die Schinkenscheiben sich nicht wölben. Abgeschnittene Fettstücke in eine große schwere Pfanne geben und bei mittlerer bis niedriger Flamme erhitzen. Schinkenscheiben dazugeben und braun werden lassen, dabei mehrmals wenden. Auf einen Teller legen und bei 95 Grad im Backofen warmstellen.

Kaffee und Zucker in die Pfanne geben, bei mittlerer Hitze zum Kochen bringen, dabei umrühren, um festklebende Partikel zu lösen. Hitze reduzieren, unter häufigem Umrühren weitere 4–5 Minuten leicht kochen lassen. Fettstücke herausnehmen, Sauce über den Schinken gießen. Ergibt 4–6 Portionen.

Dieses Rezept ergibt nicht viel Sauce, aber das Wenige hat es in sich.

Smothered pork chops
Schweinekoteletts in Sauce

1 EL brauner Zucker
½ TL Salz
¼ TL Pfeffer
6 Schweinekoteletts, etwa 2 cm dick
Mehl
heißes Speckfett
1 mittelgroße Zwiebel, in Scheiben geschnitten
1 mittelgroße grüne Paprikaschote, in Scheiben geschnitten
1 Zitrone, entkernt, in Scheiben geschnitten

Zucker, Salz und Pfeffer vermengen, Koteletts auf beiden Seiten damit einreiben. Kräftig in Mehl wälzen. In eine große schwere Pfanne heißes Speckfett (etwa ½ cm) geben und Koteletts darin auf beiden Seiten bräunen. Herausnehmen und beiseite stellen. Zwiebel und Paprika in der Pfanne weich schmoren. Koteletts wieder in die Pfanne legen, Zitronenscheiben dazugeben und mit Wasser bis auf gut 1 cm Höhe auffüllen. Bei kleiner Flamme zugedeckt 1–1½ Stunden köcheln lassen, bis das Fleisch sehr weich ist. Wenn nötig, Wasser nachgießen. Ergibt 6 Portionen.

Diese Koteletts fallen förmlich vom Knochen und zergehen wie Butter auf der Zunge.

Das Café in der Stadt hat viele Funktionen, aber keine Bevölkerungsgruppe ist dem Café dankbarer als die pensionierten Männer. Nein, deren Frauen sind vermutlich noch dankbarer. Wenn ihr Mann nicht jeden Tag ins Café ginge, hat mir eine dieser Frauen mal erzählt, dann würde sie ihre Hausarbeit gar nicht schaffen. So sei er wenigstens für ein paar Stunden aus dem Weg.

Pork chops with apples and sweet potatoes
Schweinekoteletts mit Äpfeln und Süßkartoffeln

6 Schweinekoteletts, etwa 2 cm dick
Mehl
1/4 Tasse heißes Speckfett
1 mittelgroße Zwiebel, gehackt
1 Tasse Apfelsaft
1 EL Worcester-Sauce
4 mittelgroße Äpfel, geschält, in Scheiben geschnitten
4 mittelgroße Süßkartoffeln, geschält, in gut 1 cm dicke Scheiben geschnitten
Salz und Pfeffer zum Abschmecken
Wasser

Koteletts in Mehl wälzen und in heißem Fett auf beiden Seiten bräunen. Danach in eine große Kasserole legen.

Sie muß so groß sein, daß die Koteletts nebeneinander Platz finden. Zwiebel dazugeben und weichschmoren. Apfelsaft und Worcester-Sauce hinzufügen, aufkochen, dabei umrühren, um festklebende Partikel zu lösen. Vom Herd nehmen.

Abwechselnd Äpfel und Kartoffeln auf die Koteletts schichten, jeweils mit Salz und Pfeffer bestreuen. Etwas Wasser in die Kasserole gießen. Zugedeckt 1½ Stunden bei 175 Grad schmoren. Ergibt 6 Portionen.

Oppossum und Kalb

6. April 1933

Speisekarte im Café geändert

Die Gäste des Cafés waren ziemlich überrascht, als sie letzte Woche die Speisekarte lasen. Da gab es unter anderem: Opossumfilet, Iltisrippchen, Ziegenleber mit Zwiebeln, Ochsenfroschpudding und Truthahngeierpastete à la mode.

Ein argloses Ehepaar, das eigens zum Essen aus Gate City rübergekommen war, las die Speisekarte. Die beiden hatten schon fast den nächsten Häuserblock erreicht, als Idgie die Tür aufriß und ihnen nachschrie: »April! April!« Danach bestellten sie was von der richtigen Speisekarte und bekamen die Kokosnußcremetorte umsonst.

Roast possum
Gebratenes Opossum

½ Tasse Kräuterfüllung (Fertigprodukt)
¼ Tasse helle Rosinen
¼ Tasse Pekannüsse, gehackt
2 EL Zwiebel, gehackt
2 EL Sellerie, gehackt
2 EL frische Petersilie, gehackt
½ TL Salbei, getrocknet und gerebelt
½ TL italienische Kräutermischung, getrocknet

1 fleischiges Opossum – wenn nicht erhältlich, 2 (450 g) Schweinefilets
1 Zitrone, halbiert
½ Tasse Aprikosenmarmelade
2 EL Bourbon-Whiskey

Die ersten acht Zutaten gut vermengen. Filets mit den Zitronenhälften einreiben und mit Salz und Pfeffer bestreuen. Filets der Länge nach in der Mitte einschneiden (etwa ½ cm aussparen) und aufklappen. Füllung hineingeben. Die äußeren Enden der Filets über der Füllung zusammenziehen und zusammenbinden. In einer flachen Bratschale auf einen Rost stellen, bei 190 Grad 30–40 Minuten braten, bis das Fleisch gar ist. Auf einen Servierteller legen. Marmelade mit dem Bourbon mischen und über das Fleisch geben. Ergibt 8 Portionen.

Veal parmigiana
Kalb nach Parma-Art

900 g Kalbsschnitzel, in Portionsstücke geschnitten
2 Eier, verquirlt
¼ TL Knoblauchpulver
¼ TL Salz
¼ TL Pfeffer
1 Flasche (etwa 425 g) Tomatensauce
1 Flasche (etwa 225 g) Tomatensauce
2 EL brauner Zucker
1½ TL Oregano, getrocknet
½ TL Pfeffer

Paniermehl
1/3 Tasse Pflanzenöl
1/4 Tasse Parmesan, gerieben
1 Paket (etwa 225 g) Mozzarella, in Scheiben geschnitten

Wenn nötig, Kalbschnitzel flachklopfen (etwa 3 mm). Eier und die folgenden drei Zutaten in einer Schüssel vermengen, mit einem Schneebesen gut verrühren. Fleisch in der Eimischung wälzen, zugedeckt 15 Minuten stehen lassen. Abtropfen lassen und gut in Paniermehl wälzen. Schnitzel in heißem Öl auf beiden Seiten braun braten, dann in eine leicht gefettete Backschale (etwa 33 x 23 x 5 cm) legen.

Tomatensauce, braunen Zucker, Oregano und 1/2 TL Pfeffer in einem Topf vermengen, unter häufigem Rühren zum Kochen bringen. Über das Fleisch gießen, mit Parmesan bestreuen. Zugedeckt bei 175 Grad 30 Minuten schmoren. Deckel entfernen und Mozzarellascheiben auf das Fleisch legen, weitere 5–10 Minuten überbacken. Ergibt 6 Portionen.

Old fashioned macaroni and cheese
Traditionelle Makkaroni mit Käse

Hierbei handelt es sich eher um eine Makkaroni-Käse-Creme:

2 Tassen Milch
2 EL Margarine, zerlassen
2 EL Mehl

1/2 TL Salz
1/2 TL Pfeffer
3 Eier, verquirlt
5 Tassen Makkaroni, gekocht
2 1/2 Tassen (knapp 300 g) Cheddar-Käse, gerieben
3/4 Tasse frische Brotkrumen oder Crackerkrümel

Die ersten sechs Zutaten in einer Schüssel mit einem Schneebesen glatt rühren.

Die Hälfte der gekochten Makkaroni in eine gefettete quadratische Backform (25 x 25 cm) füllen, mit 1 2/3 Tassen Käse bestreuen. Restliche Makkaroni darauf schichten. Milchmischung über die Makkaroni gießen, mit Brotkrumen bestreuen. Offen 50 Minuten bei 175 Grad überbacken. Mit dem restlichen Käse bestreuen und weitere 5 Minuten überbacken. Ergibt 6–8 Portionen.

Kapitel 3

Fisch

Ich will es Ihnen ehrlich sagen: Ich mach' mir nicht viel aus Fisch. Ich mag ihn nur, wenn er nach Hähnchen schmeckt, und da kann ich doch lieber gleich Hähnchen bestellen. Ob Sie es glauben oder nicht, ich habe Jahre gebraucht, bis ich zu dieser Einsicht kam. Jahrelang habe ich Fisch bestellt, weil er ja so gesund sein soll, aber wenn ihn dann eine bedauernswerte, arglose Kellnerin an den Tisch brachte, habe ich immer darin herumgestochert, das Gesicht verzogen und mich beschwert: »DAS ZEUG SCHMECKT JA NACH FISCH!!!« Und dann habe ich den Teller weggeschoben.

Wegen dieser Art von Logik bin ich unter die Schriftsteller gegangen. Wo ernste Probleme zu lösen sind, habe ich nichts zu suchen. Ich bin nicht einmal von allein zu dieser Einsicht gekommen.

Der Schauplatz: Ein Café zur Mittagszeit, Fannie kommt herein, setzt sich, die Kellnerin tritt an den Tisch ...

Kellnerin: »Hallo, meine Gute, was essen wir denn heute?«

Fannie: »Was ist an Frischfisch da?«

Kellnerin: »Flunder, Katzenfisch, Lachsforelle, Barsch, Seezunge ...«

Fannie: »Und was schmeckt am wenigsten nach Fisch?«

Kellnerin: »Hähnchen.«

Fannie: »Gut, dann nehme ich Hähnchen.«

Im Gegensatz zu mir mochte mein Daddy Fisch ausgesprochen gern. Wenn ihm einmal etwas zustoßen sollte, sagte er uns immer wieder, dann sollten wir ihn mit gutem Gewissen an dem Pier, an dem er so oft geangelt hatte, ins Wasser werfen. Daddy meinte, er hätte sein Leben

SPECIAL'S
YELLOW TAIL-S POTATOES 35
TURTLE STEAK-POTATOE-S 40
CONCH-STEAK-POTATOES 35
JEW FISH STEAK-POTATOES 35
KING-FISH- POTATOE-S 35
½ FRY OYSTERS-POTATOE-S 45
FILET STEAK-POTATOES 40
HAMBURGER STEAK-POTATOE-S 35
HAM+CABBAGE-DINNER 35

lang soviel leckeren Fisch gegessen, als Dank dafür sollten sich die Fische *ihn* schmecken lassen …

Lange bevor es offizielle Freizeitzentren oder Seniorentreffs gab, war das Café beides zugleich. Wer Karten oder Dame spielen wollte, ging einfach ins Café. Meistens stand davor irgendeine Bank, auf der die alten Männer den ganzen Tag saßen und das Leben und Treiben beobachteten. Im Freien hinter dem Café wurde meistens Fisch gebraten und dann zugunsten der Kirche verkauft. Oder das Fischebraten lieferte die stimmungsvolle Kulisse, wenn Lokalpolitiker ihre Reden hielten. Es heißt, die Wahl von Poltikern in Alabama sei öfter durch Katzenfische als durch Argumente entschieden worden.

Fried catfish
Gebratener Katzenfisch

6 mittelgroße Katzenfische, ausgenommen und gehäutet
½ TL Salz
¼ TL Pfeffer
evtl. scharfe Sauce
1 Tasse Mehl mit beigemischtem Backpulver
1 Tasse Maismehl mit beigemischtem Backpulver
¼ Tasse Speckfett oder Bratfett

Fische beidseitig mit Salz und Pfeffer bestreuen, evtl. in scharfe Sauce tauchen. Bei Zimmertemperatur 10 Minuten stehen lassen. Mehl und Maismehl mischen, Fische darin wälzen. 8–10 Minuten in heißem Fett goldbraun braten, dabei einmal wenden. Ergibt 6 Portionen.

Eine Mahlzeit, die eines Königs würdig wäre – das jedenfalls behaupten die Leute ...

Die Mehrzahl der Gäste meiner Tante Bess waren Eisenbahner. Sie frühstückten morgens um 5 bei ihr und kamen auch mittags und abends. Die meisten dieser liebenswürdigen alten Knaben hatten im Ersten Weltkrieg gekämpft und waren nie verheiratet gewesen. Sie zogen von einer Stadt zur anderen. Erst Jahre später habe ich eine anrührende Geschichte erfahren: Auf ihrer Sterbeversicherungspolice der Eisenbahn hatten fast alle diese Männer hinter »Nächste Angehörige« den Namen meiner Tante Bess geschrieben. Sie sorgte immer dafür, daß sie ein anständiges Begräbnis bekamen.

Salmon croquettes
Lachs-Kroketten

1 Dose (etwa 440 g) rosa Lachs, abgetropft
1 mittelgroße Zwiebel, fein gehackt
3 EL Margarine, zerlassen
¾ Tasse Salzcracker, fein zerstoßen
2 EL Mehl mit beigemischtem Backpulver
¼ TL Pfeffer
1 Ei, verquirlt
3 EL Milch
1 EL Zitronensaft
zusätzlich Mehl
Pflanzenöl

Gräten und Haut entfernen und Lachs mit einer Gabel zerteilen. Zwiebel in Margarine weichgaren, vom Herd nehmen und Lachs und die folgenden sechs Zutaten unterrühren. Kroketten (2,5 x 2,5 x 6,5 cm) oder Bällchen formen. In Mehl wälzen und in heißem Öl (190 Grad) goldbraun frittieren. Abtropfen lassen. Ergibt 4–6 Portionen.

Trout amandine
Forelle mit Mandeln

½ Tasse Mandelblättchen
¼ Tasse Butter oder Margarine, zerlassen
6 große Forellenfilets
Salz und Pfeffer zum Abschmecken
getrocknete Thymianblätter zum Abschmecken
Milch
Mehl
½ Tasse Pflanzenöl
1 EL frische Petersilie, gehackt
Zitronenspalten

Mandeln in einer großen, schweren Pfanne in Butter goldbraun rösten. Butter nicht anbrennen lassen! In eine Schüssel umfüllen und beiseite stellen. Filets mit Salz, Pfeffer und Thymian bestreuen, in Milch tauchen und in Mehl wälzen. Filets in heißem Öl (180 Grad) in der Pfanne bei mittlerer Hitze goldbraun werden lassen, einmal wenden. Auf Haushaltspapier abtropfen lassen. Auf eine Servierplatte legen, mit Mandeln und Petersilie bestreuen, restliche braune Butter darüberträufeln. Ergibt 6 Portionen.

Down home crab cakes
Krebsfleisch-Frikadellen nach Südstaatenart

½ Tasse Mayonnaise
1 Ei, verquirlt
⅓ Tasse grüner oder süßer roter Paprika, klein gehackt
3 EL Zwiebeln, gehackt
evtl. ⅓ Tasse gekochte weiße Maiskörner
1 TL Senfpulver
¼ – ½ TL Pfeffer
450 g Krebsfleisch, abgetropft und zerkleinert
etwa 2 Tassen frische Semmelbrösel oder Paniermehl
2 EL Butter
2 EL Pflanzenöl
Tatarensauce (Sauce tatare)

Mayonnaise und Ei in einer großen Schüssel mischen, die folgenden fünf Zutaten dazugeben. Krebsfleisch und 1–1¼ Tassen Semmelbrösel unterrühren (soviel, daß die Mischung nicht zerfällt). 8 Frikadellen formen und in dem restlichen Paniermehl wälzen.

Butter und Öl in einer großen, schweren Pfanne erhitzen, nacheinander die Frikadellen hineingeben und auf beiden Seiten hellbraun werden lassen. Mit Tatarensauce servieren. Ergibt 4 Portionen.

Als Tante Bess ihr Café eröffnete, gab es noch keine Rentenversicherung, aber alle Köchinnen, die für sie arbeiteten, hatten eine Stellung auf Lebenszeit und schafften es irgendwie, ihre Kinder auf das College zu schicken. Bess war nie verheiratet, aber sie hatte viele Kinder, die sie liebte und von denen sie so geliebt wurde, als gehörte sie zur Familie. Sie sagte immer: »Schätzchen, auf meinem Grabstein wird zwar ›Miss‹ stehen, aber glaub mir, ich habe in meinem Leben nichts vermißt.«

Fried oysters
Gebratene Austern

1 Container (340 g) frische Austern, abgetropft
1 Ei, verquirlt
1 EL Wasser
2 TL scharfe Sauce
1½ Tassen Salzcracker-Krümel
⅓ Tasse weißes Maismehl
¼ – ½ TL Salz
Pflanzenöl

Austern mit Haushaltspapier trocken tupfen. Ei, Wasser und scharfe Sauce gut verrühren. Cracker-Krümel, Maismehl und Salz mischen. Austern in Eimischung tauchen und einzeln in der Krümelmischung wälzen. In 5 cm tiefem, heißem Öl (190 Grad) 1–2 Minuten goldbraun braten. Auf Haushaltspaier abtropfen lassen. Ergibt 3 Portionen.

Scalloped oysters
Überbackene Austern

1/4 Tasse Zwiebeln, gehackt
1/2 Tasse Butter oder Margarine, zerlassen
3/4 TL Selleriesalz
1/4 – 1/2 TL Paprikapulver
1 EL Worcester-Sauce
1 TL Zitronensaft
2 Tassen Salzcracker-Krümel
1 EL Petersilie
2 Container (à 340 g) frische Austern
2 Eier, verquirlt
1 Tasse Bier

Zwiebeln in Butter weich garen. Vom Herd nehmen und die folgenden vier Zutaten unterrühren. Cracker-Krümel und Petersilie mischen.

Austern abtropfen lassen, 1/3 Tasse Flüssigkeit aufbewahren. 1/2 Tasse Cracker-Krümel in eine leicht gefettete quadratische Backform (20 x 20 cm) streuen. Die Hälfte der Austern in die Form füllen, und mit der Hälfte der restlichen Cracker-Krümel bedecken, dann die Hälfte der Zwiebeln drüberstreuen. Wiederholen. Eier, Bier und Austernflüssigkeit gut verquirlen. Über das Ganze gießen. Bei 175 Grad 40–45 Minuten backen. Ergibt 6 Portionen.

Fried shrimps
Gebratene Shrimps

900 g ungepellte, mittelgroße frische Shrimps
4 Eier, verquirlt
2/3 Tasse Mayonnaise
3 EL Zitronensaft
1 TL Knoblauchpulver
1 1/3 Tasse Salzcracker-Krümel
1 Tasse Cornflake-Krümel
1/3 Tasse Maismehl
Pflanzenöl
Cocktailsauce

Shrimps pellen und säubern, Schwänze ganz lassen. Eier und die folgenden drei Zutaten in einer großen Schüssel gut mischen. Shrimps vorsichtig unterheben. Zugedeckt mindestens 3–4 Stunden bis zur Zubereitung kalt stellen.

Cracker-Krümel, Cornflake-Krümel und Maismehl vermischen. Shrimps aus der Marinade nehmen, Marinade weggießen. Shrimps in der Krümelmischung wälzen, fest andrücken. In heißem Öl (190 Grad) goldbraun braten. Auf Haushaltspapier abtropfen lassen. Mit Cocktailsauce servieren. Ergibt 4–6 Portionen.

CRYSTAL
CAFE
7up
LUNCHES
Coca-Cola
HAMBURGERS
HOT DOGS
CHILI
Coca-Cola
ICE COLD

Kapitel 4

Saucen

Das Geheimnis einer guten Sauce

Eine gute Sauce ist wie ein weites, schwarzes Kleid: sie kann zahlreiche Schwachpunkte vertuschen. Sie können eine wirklich gute Sahnesauce über ein Stück Pappe gießen – und das Essen ist immer noch hervorragend. Ich habe das auch schon ein- oder zweimal gemacht, und es hat geklappt, niemand hat was gemerkt. Selbst wenn ein Stück Fleisch nicht gerade vom Besten ist, mit einer raffinierten warmen Sauce kann es zur leckersten Mahlzeit Ihres Lebens werden. Wie heißt es doch so schön? »Was ich nicht weiß, macht mich nicht heiß.«

Chicken gravy
Hähnchensauce

Hähnchen in einer gußeisernen Pfanne braten, herausnehmen, Bratensaft abmessen und 1/4 Tasse davon wieder in die Pfanne geben.

1/4 Tasse Hähnchenbratensaft oder Pflanzenöl
1/4 Tasse Mehl mit beigemischtem Backpulver
2 Tassen Milch
1/2 TL Salz
1/4 TL Pfeffer

Bratensaft und Mehl in einer großen Pfanne vermengen, bei mittlerer Hitze hellbraun werden lassen. Milch, Salz und Pfeffer hinzufügen und unter ständigem Rühren erhitzen, bis die Sauce angedickt ist. Über Biskuits, Kartoffelmus, Reis und gebratenes Hähnchen gießen. Ergibt 2 Tassen.

Ich bin nicht die ordentlichste Köchin. Bei mir zu Hause heißt diese Sauce »Komplette-Küchen-Katastrophen-Sauce«. Mehr als einmal mußte ich eine professionelle Putzkolonne mit entsprechendem Arbeitsgerät anheuern. Saucenflecken als Tapetenmuster? Warum eigentlich nicht? Es könnte durchaus Anklang finden ... Mir gefallen sie auf meiner Tapete!

Giblet gravy
Sauce mit Innereien

3 Tassen Hähnchen- oder Truthahnbrühe
1/4 Tasse Mehl
1 Dose (etwa 300 g) Hühnercremesuppe, unverdünnt
1/2 – 3/4 Tasse Innereien, zerkleinert, oder Fleischstücke von Hähnchen oder Truthahn
3 hartgekochte Eier, kleingehackt
Pfeffer zum Abschmecken

Brühe und Mehl in einem mittelgroßen Topf glattrühren. Restliche Zutaten dazugeben. Unter ständigem Rühren aufkochen, bis die Sauce angedickt ist. Ergibt etwa 5 Tassen.

Ausreichend für eine Truthahn-Mahlzeit mit der ganzen Familie. Auch für ein Resteessen am nächsten Tag ist noch genug da.

Die Gastfreundschaft in den Südstaaten ist tatsächlich so großartig, wie sie immer beschrieben wird ... Ich kenne ein paar Yankees, die nur auf einen Kurzbesuch kamen und nie wieder nach Hause zurückkehrten. Ein Mann in Fairhope, Alabama, kam an einem Juninachmittag 1943 aus dem Norden, genauer gesagt aus Boston. Er sitzt immer noch auf der vorderen Veranda und trinkt jeden Tag seinen Eistee.

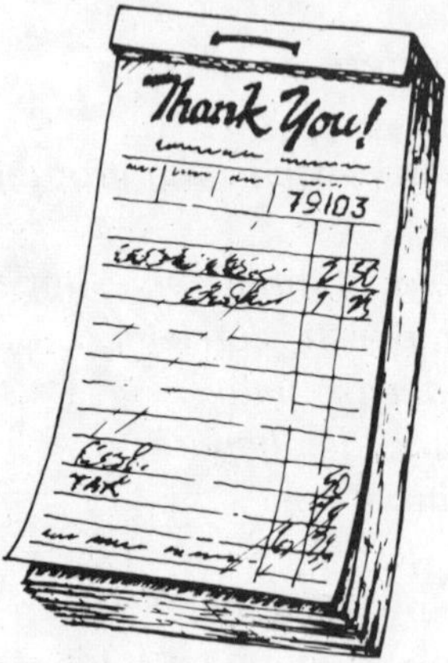

Sawmill gravy
Sägewerksauce

1/4 Tasse Speck- oder Wurstbratfett
1/4 Tasse Mehl mit beigemischtem Backpulver
1 Tasse Milch
1 Tasse Wasser
1/2 TL Salz
1/4 TL Pfeffer

Bratfett und Mehl in einer großen Pfanne verrühren, bei mittlerer Hitze hellbraun werden lassen. Milch, Wasser, Salz und Pfeffer dazugeben und unter ständigem Rühren dick werden lassen. Ergibt 2 Tassen.

Evelyn gab ihr einen Zettel. »Ich habe Ihnen meine Adresse und die Telefonnummer aufgeschrieben. Rufen Sie mich an, wenn Sie mich brauchen, okay?«

Mrs. Threadgoode versprach es und umklammerte Evelyns Hand, bis es an der Zeit war, Abschied zu nehmen. Die Frauen gingen zur Tür, wo Ed wartete.

»Wie fühlen Sie sich heute, Mistress Threadgoode?« erkundigte er sich.

»Oh, danke großartig – vollgestopft mit gebratenen grünen Tomaten und Limabohnen, die mir unser Mädchen mitgebracht hat.«

Sausage gravy
Wurstsauce

450 g Bratwurstfüllung vom Schwein
2 TL Mehl
$^{2}/_{3}$ – 1 Tasse Milch
$^{1}/_{4}$ – $^{1}/_{2}$ TL Pfeffer

Wurst in einer großen Pfanne bräunen, dabei krümelig umrühren. Mit einer Schaumkelle aus der Pfanne nehmen und gut abtropfen lassen. 2 EL Bratfett in der Pfanne lassen.

Mehl in das Bratfett geben und unter ständigem Rühren bei mittlerer Hitze 1 Minute heiß werden lassen. Nach und nach $^{2}/_{3}$ Tasse Milch dazugeben und rühren, bis die Mischung angedickt ist. Wenn gewünscht, zum Verdünnen die restliche Milch unterrühren. Pfeffer und Wurst dazugeben, unter ständigem Rühren erhitzen. Auf halbierten Biskuits servieren. Ergibt 3–4 Portionen.

Das hier ist meine Lieblingssauce zu Biskuits – zusammen mit einer Tasse heißem Kaffee ergibt das eine komplette Mahlzeit.

Barbecue Blues

Haben Sie schon einmal diese ungeheure Sehnsucht, dieses Heimweh nach Barbecue gespürt? Als ich nach Kalifornien umzog, fand ich mich von Gesundheits-Freaks umgeben. Man mußte sich schon ziemlich anstrengen, um irgendwo ein bißchen Fett zu finden – bestenfalls am Fahrgestell eines Autos. Da können Sie sich wohl vorstellen, wie entsetzt die Leute mich ansahen, wenn ich vom Essen in den Südstaaten erzählte. Ich dagegen saß da und stocherte in dem pfenniggroßen Nouvelle-cuisine-Gericht auf meinem Teller herum – meistens winzige, dünne grüne Bohnen, die auch noch roh waren. Traurig und hungrig starrte ich oft sehnsüchtig in die Ferne und murmelte vor mich hin: Für ein richtig schönes Barbecue mit viel Fett könnte ich auf der Stelle zur Mörderin werden!

Dann standen meine Tischnachbarn auf, nahmen ihren Teller und setzten sich drei Plätze weiter weg, um mir dann von dort aus mit erhobener Stimme Vorträge über die Gefahren des Barbecue zu halten. Ja, ja, dachte ich, das könnt ihr meiner achtundneunzigjährigen Großmutter erzählen.

Jedermann im Süden liebt Barbecue, und jeder Bundesstaat hält seins für das beste. Das ist typische Borniertheit. Natürlich bin ich davon überzeugt, daß es in Alabama das beste Barbecue der Südstaaten gibt. Aber der gesamte Süden macht das beste Barbecue der Welt. Ich habe schon lange aufgehört, irgendwo nördlich der Mason und Dixon Line, der Grenze zwischen Maryland und Pennsylvania, oder westlich von Texas Barbecue zu bestellen. Es bricht einem das Herz, wenn man sieht, was

da als Barbecue verkauft wird. Und sollte jemand damit nach Ihnen werfen, könnte leicht die Windschutzscheibe Ihres Autos zu Bruch gehen, denn es ist immer zu dick und zu zäh.

Barbecue sollte leicht sein und vom Knochen fallen, wie Butter auf der Zunge zergehen, und die Sauce muß genau richtig sein, nicht zu sauer, nicht zu süß, und vor allem die Präsentation muß stimmen.

Es ist gar nicht so einfach, einen perfekten Barbecue-Teller zusammenzustellen. Erstens muß das Café echt und unverfälscht sein, je älter und schäbiger, desto besser. Ich träume von diesen urigen Bruchbuden mit ihren

Sitzgruppen aus Holz, die meistens mit unzähligen Astlöchern übersät sind. Ich liebe ihren unbeschreiblichen Duft nach dem Rauch von Hickory-Feuern, der sich über die Jahre hinweg festgesetzt hat.

Und dann ist da der Teller selbst. Er muß rund, dünn, billig, weiß und aus Pappe sein. Auf dem idealen Teller finden Sie saure Pickles in Scheiben und viel wässerigen Kohlsalat als Beilage. Wenn Sie Glück haben, liegt da auch noch ein ansehnlicher Klecks gebackene Bohnen vom Vortag. Was die Getränke angeht, so sind meiner Erfahrung nach ein Grapico oder ein Organgensaft am besten. Zum Dessert gehören ein großes Stück Zitroneneistorte mit einer Kruste aus Graham-Crackern und eine Tasse starker, heißer Kaffee. Das nenne ich ein Barbecue-D-i-n-n-e-r!

Was die saubere Kleidung angeht, ein Wort an die Klugen und Weisen. Beim Barbecue darf man einfach nicht zimperlich sein. Nach dem Essen wird man Sie vermutlich nach draußen bitten und mit dem Gartenschlauch abspritzen. Aber das ist es wert!

»Für ein Barbecue, wie's Big George gemacht hat, würde ich eine Million Dollar zahlen. Und danach Sipseys Zitroneneistorte ... Big Georges Barbecues waren immer die besten. Er kochte das Fleisch in einem großen alten Eisenkessel hinter dem Café, und man roch es meilenweit, besonders an Herbsttagen. Smokey erzählte, einmal sei er mit dem Zug nach Whistle Stop gefahren und habe es schon zehn Meilen davor gerochen. Wegen dieses Barbecues kamen sogar die Leute aus Birmingham zu uns.«

Aunt Bess' Barbecue sauce
Tante Bess' Barbecue-Sauce

½ Tasse Wasser
¼ Tasse Apfelessig
¼ Tasse Butter oder Margarine
2 EL Zucker
2 EL Worcester-Sauce
1 EL Senf
1½ TL Salz
½ TL schwarzer Pfeffer
¼ TL Paprikapulver
1 dicke Zitronenscheibe
1 dicke Scheibe Zwiebel
½ Tasse Ketchup

Alle Zutaten bis auf das Ketchup in einem mittelgroßen Topf unter häufigem Umrühren zum Kochen bringen. Hitze reduzieren und mit halb aufgelegtem Deckel 20 Minuten köcheln lassen. Vom Herd nehmen, Zitronen- und Zwiebelscheiben wegwerfen, Ketchup unterrühren. Ergibt 1½ Tassen.

Evelyn setzte sich und überreichte ihrer Freundin einen Pappteller mit einem Barbecue-Sandwich und ein Stück Zitroneneistorte, dazu eine Gabel und eine Serviette.

Es war wieder ein eiskalter Alabama-Nachmittag, und in der Küche des Cafés brodelte das Schweinefleisch. Der große Topf quoll fast über, und bald würden die längst verstorbenen Schweine unter Big Georges Spezial-Barbecue-Sauce begraben sein.

Alabama sauce
Für Hähnchen und Schweinefleisch

1 Tasse Wasser
1/4 Tasse Zitronensaft
1/4 Tasse plus 2 EL brauner Zucker
1/4 Tasse Butter oder Margarine
2 EL Cidre-Essig
1 EL Paprikapulver
2 TL Worcester-Sauce
3/4 TL Salz
1/2 TL Pfeffer

Alle Zutaten in einen Topf geben, unter ständigem Rühren zum Kochen bringen und so lange kochen, bis der Zucker geschmolzen ist. Offen weiter kochen lassen, bis die Menge auf 1 1/3 Tasse reduziert ist.

Ich mag süße Saucen auf Fleisch besonders gern – da macht das Essen Spaß.

CHICKEN 85
OYSTERS 70
OYSTERS 35
STEAK 60

Kapitel 5

Beilagen

»Habe ich Ihnen eigentlich schon erzählt, daß ich Rosenkohl hasse?«

»Nein. Warum mögen Sie Rosenkohl nicht?«

»Das kann ich nicht sagen. Ich hasse ihn nun mal. Aber alles andere aus der Gemüsefamilie liebe ich. Bloß kein tiefgefrorenes Zeug und keine Konserven. Ich mag frischen süßen Mais, Limabohnen, gute alte schwarzgefleckte Erbsen und gebratene grüne Tomaten.«

»Wissen Sie, daß die Tomate eine Frucht ist?«

»Tatsächlich?« fragte Mrs. Threadgoode überrascht.

»O ja.«

Verwirrt schüttelte die alte Dame den Kopf. »O nein! All die Jahre dachte ich, Tomaten wären ein Gemüse, und ich hab' sie auch als Gemüse auf den Tisch gebracht. Eine Tomate ist eine *Frucht*?«

»Ja.«

»Sind Sie sicher?«

»Völlig. Das habe ich im Hauswirtschaftsunterricht gelernt. Ich erinnere mich ganz genau.«

»Ich kann's mir einfach nicht vorstellen. Deshalb werde ich so tun, als hätte ich es nie erfahren. Aber Rosenkohl ist doch ein Gemüse?«

»Gewiß.«

»Gut. Nun fühle ich mich besser. Und wie ist es mit den grünen Bohnen? Sie wollen mir doch nicht erzählen, daß das auch Früchte sind?«

»Nein. Die gehören zu den Gemüsen.«

»Wunderbar.« Mrs. Threadgoode aß den letzten Bissen von ihrer Torte, dann fiel ihr etwas ein, und sie lächelte.

Südlich der Mason and Dixon Line kann sich keine Tomate in Sicherheit wähnen

Als der Film »Grüne Tomaten« in die Kinos kam, schien plötzlich jedes Café, jedes Restaurant und jede Cafeteria gebratene grüne Tomaten auf der Speisekarte zu haben. Eines Abends waren wir in Atlanta, und mein Freund Dan Martin lud mich in ein exklusives, wirklich elegantes Restaurant ein. Nachdem er eine lange Liste exotischer Vorspeisen heruntergebetet hatte, erklärte der Oberkell-

ner, daß ein Abendessen ohne ihre Spezialität nicht vollkommen wäre: gebratene grüne Tomaten.

Dan flüsterte mir zu: »Es wäre wunderbar, wenn du ein paar Aktien des Tomatenmarkts besitzen würdest. Wie ich höre, haben sich die Preise vervierfacht. Und die Einkäufer der Restaurants gehen mit Fäusten aufeinander los, um die besten grünen zu ergattern.« Ich kann es nicht ändern, aber ich habe schon ein bißchen ein schlechtes Gewissen. Es ist meine Schuld, daß Tausende von armen kleinen grünen Tomaten vorzeitig gepflückt werden. Aber ich konnte nicht anders. Sie schmecken doch so gut. Ich werde immer wieder gefragt, warum sie in den Südstaaten so beliebt sind. Wie bei vielen anderen Speisen begann ihr Siegeszug zur Zeit der großen Wirtschaftskrise. Die Menschen brieten so gut wie alles und redeten sich ein, es sei Fleisch oder Fisch. Und am Ende stellte sich heraus, daß ein Becher mit süßem Eistee und ein Teller mit gebratenen grünen Tomaten ein schmackhaftes leichtes Sommergericht abgibt, wenn es so heiß ist, daß niemand Appetit auf eine schwere Mahlzeit hat.

Braten Sie also an einem heißen Sommerabend grüne Tomaten, nehmen Sie einen Becher Eistee und setzen Sie sich auf die Veranda. Schauen Sie den Glühwürmchen zu und lauschen Sie den Nachtvögeln, statt sich die Spätnachrichten anzusehen. Sie werden es nie bereuen …

Fried green Tomatoes I
Gebratene grüne Tomaten I

$\frac{3}{4}$ Tasse Mehl mit beigemischtem Backpulver
$\frac{1}{4}$ Tasse Maismehl
$\frac{1}{4}$ TL Salz
$\frac{1}{4}$ TL Pfeffer
$\frac{3}{4}$ Tasse Milch
3 – 4 grüne Tomaten, in $\frac{1}{2}$ cm dicke Scheiben geschnitten
Pflanzenöl

Die ersten fünf Zutaten mischen und glatt rühren. Wenn nötig, zum Verdünnen zusätzlich etwas Milch dazugeben. Der Teig sollte so dünn sein wie für Pfannkuchen. Die Tomatenscheiben nacheinander hineintauchen, überflüssigen Teig abtropfen lassen. In 5 cm tiefem Öl in einer großen Pfanne bei 190 Grad braun braten, dabei einmal vorsichtig mit einer Zange wenden. Zum Abtropfen in ein Sieb legen. Ergibt 3–4 Portionen.

Damit die Tomaten nicht schon vor dem Servieren weich werden, stellen Sie die Scheiben in einer Servierschüssel wie Räder auf, statt sie übereinander zu stapeln.

Bei den Dreharbeiten zu »Grüne Tomaten« hatte ich viel Spaß mit Kathy Bates. Sie kommt aus Memphis und versteht etwas von gutem Essen. Immer wieder haben wir beide uns vom Drehort weggeschlichen, um irgendwo die wunderbare Küche Georgias zu genießen.

Ich spielte eine kleine Rolle in dem Film, und dummerweise war mein Kleid geschneidert worden, bevor die Szenen gedreht wurden. Als ich dann endlich an die

Reihe kam, war mein Kleid plötzlich einige Nummern eingelaufen. Ich glaube, das lag an der Hitze in Georgia.

Das ist meine Version der Geschichte, und an der halte ich fest.

Zur Mittagszeit wimmelte das Lokal von Eisenbahnern. Grady Kilgore ging zur Küchentür und schrie: »Gibt mir gebratene grüne Tomaten und Eistee, Sipsey, ja?« Sigsey gab ihm einen gefüllten Teller, und er kehrte mit seinem Lunch ins Café zurück.

Fried green Tomatoes II
Gebratene grüne Tomaten II

1 Ei, verquirlt
1 Tasse Buttermilch
1 Tasse Mehl mit beigemischtem Backpulver
⅓ Tasse Maismehl
½ TL Salz
6 – 8 grüne Tomaten, in ½ cm dicke Scheiben geschnitten
Speckfett, Pflanzenöl oder eine Mischung aus beidem

Ei und Buttermilch in einer flachen Schüssel verrühren. Mehl, Maismehl und Salz in einer flachen Schüssel vermengen. Tomatenscheiben nacheinander in die Eimischung tauchen, überschüssige Flüssigkeit in die Schüssel tropfen lassen. In der Mehlmischung wälzen. In einer großen Pfanne in 190 Grad heißem Fett braun braten, dabei einmal mit einer Zange wenden. Zum Abtropfen in ein Sieb legen. Ergibt 6 Portionen.

Braten Sie nicht zu viele Tomaten auf einmal. Legen Sie die Scheiben in nur einer Schicht in die Pfanne und lassen Sie reichlich Zwischenraum. Wenn zu viele Tomaten in der Pfanne sind, sinkt die Temperatur des Öls, und dann werden die Scheiben nicht geschmort, sondern sie saugen das Fett auf und werden weich.

»›Liebe Evelyn,

ich habe ein paar von Sipseys Originalrezepten notiert, und die wollte ich an Sie weitergeben, besonders das für die gebratenen grünen Tomaten. Ich liebe Sie, kleine Evelyn. Werden Sie glücklich. Ich bin es.

Ihre Freundin, Mrs. Cleo Threadgoode.‹«

»Gott segne sie«, flüsterte Mrs. Hartman. Das alles wollte Sie Ihnen geben …«

Traurig faltete Evelyn den Brief zusammen und räumte alles wieder in die Schachtel zurück. Mein Gott, dachte sie, da hat ein Mensch siebenundachtzig Jahre auf dieser Erde verbracht, und das ist alles, was von ihm übrigblieb – ein Karton voller alter Papiere.

Fried green Tomatoes with milk gravy
Gebratene grüne Tomaten mit Milchsauce

¼ Tasse Speckfett
4 grüne Tomaten, in 1 cm dicke Scheiben geschnitten
2 Eier, verquirlt
Semmelbrösel
Mehl
Milch
Salz
Pfeffer

Speckfett bei mittlerer Flamme in einer großen Pfanne erhitzen. Tomatenscheiben in die verquirlten Eier tauchen, dann in Semmelbrösel wälzen. Auf beiden Seiten langsam goldbraun braten. Tomatenscheiben mit einem Schaumlöffel aus dem Fett nehmen und auf einen Servierteller legen. Fett aus der Pfanne abmessen und wieder in die Pfanne geben. Pro EL Fett 1 EL Mehl dazugeben und glattrühren. Unter ständigem Rühren bei kleiner Flamme 1 Minute erhitzen. Pro EL Mehl 1 Tasse Milch, ½ TL Salz und ¼ TL Pfeffer dazugeben und glattrühren. Unter ständigem Rühren kochen, bis die Sauce angedickt ist. Über die Tomaten gießen. Ergibt 4–6 Portionen.

Stewed Tomatoes
Geschmorte Tomaten

¼ Tasse Butter oder Margarine
2 – 3 EL Zucker
1,8 kg reife Tomaten, geschält, geviertelt
1½ – 2 TL Salz
Pfeffer
evtl. weiche Brotkrumen

Butter und Zucker in einer großen, schweren Pfanne bei mittlerer Hitze goldbraun werden lassen. Tomaten und Salz dazugeben, gut umrühren. Zudecken, Hitze reduzieren und 20 Minuten schmoren, bis die Tomaten weich sind, dabei gelegentlich umrühren. Mit Pfeffer abschmekken. Evtl. mit weichen Brotkrumen andicken. Ergibt 6–8 Portionen.

Fresh beets
Frische rote Bete

675 g frische rote Bete, etwa 4 cm Durchmesser
evtl. 2 EL Butter oder Margarine

Rote Bete putzen und mit einer Bürste säubern, aber nicht zu kräftig bürsten, damit die Schale nicht beschädigt wird. In einen Topf geben und mit warmem Wasser bedecken. Zum Kochen bringen. Halb zudecken, Hitze reduzieren und 25–30 Minuten leicht köcheln lassen, bis das Gemüse weich ist. In ein Sieb geben, mit kaltem Wasser übergießen und abtropfen und leicht abkühlen lassen. Enden abschneiden und Schale abpellen (wenn sie sich nicht problemlos entfernen läßt, sollte das Gemüse noch etwas länger gegart werden.) In etwa 1½ cm dicke Scheiben schneiden. Evtl. in zerlassener Butter schwenken. Ergibt 4–6 Portionen.

Harvard beets

Rote Bete nach Harvard-Art

3 EL Zucker
1 EL plus 1 TL Maisstärke
½ TL Salz
½ Tasse Wasser
¼ Tasse Cidre-Essig
1 EL Butter oder Margarine
3½ Tassen rote Bete, frisch gekocht, oder aus der Dose, abgetropft

Die ersten drei Zutaten in einem mittelgroßen Topf gut verrühren. Nach und nach Wasser und Essig dazugeben, glatt rühren. Butter hinzufügen. Auf mittlerer Flamme unter ständigem Rühren erhitzen, bis die Butter geschmolzen und die Mischung angedickt ist. Rote Bete dazugeben und unter häufigem Umrühren erhitzen. Ergibt 4–6 Portionen.

Als ich nach New York ging und dort den Versuch unternahm, Schauspielerin zu werden, fuhr ich, so oft ich es mir leisten konnte, mit der Eisenbahn nach Hause. Wenn der Zug dann durch Irondale fuhr, sah ich meine Tante Bess, die Köchin und zufällig anwesende Gäste winkend vor dem Café stehen. In dem Augenblick wußte ich immer, daß ich wirklich zu Hause war …

Broccoli casserole

Broccoli-Topf

675 g Broccoli
1 Dose (etwa 300 g) Pilzcremesuppe, unverdünnt
½ Tasse Milch
1 Tasse Salzcracker, zerstoßen
1½ Tassen Cheddar-Käse, gerieben

Broccoli putzen, Stiele bis zu 7 cm Länge stehen lassen. Zugedeckt in wenig Wasser 10–15 Minuten garen, bis der Broccoli so weich wie gewünscht ist. Abtropfen lassen und zerkleinern. Die Hälfte des Broccoli in eine flache Backform (24 cm) geben. Suppe und Milch mischen, die Hälfte über die Broccoli gießen und die Hälfte der Salzcracker und 1 Tasse Käse drüberstreuen. Schichten bis auf den Käse wiederholen. Offen 25 Minuten bei 175 Grad überbacken. Mit dem restlichen Käse bestreuen, weitere 5 Minuten überbacken. Ergibt 6 Portionen.

Anmerkung: Anstelle des frischen Broccoli können 4 Tassen tiefgefrorener zerkleinerter Broccoli verwendet werden. Nach Anleitung auf der Packung zubereiten.

Gibt es etwas Köstlicheres als eine gute Kasserole? Allein

das Wort klingt schon nach Luxus. In den Südstaaten gibt es zu jeder Gelegenheit Kasserolen: bei Begräbnisfeiern, bei Familienfesten, bei geselligen Treffen in der Kirchengemeinde, beim Bridgespielen. Aber vor allem bei Begräbnissen. Wenn der gute alte Opa mit 103 schließlich seinen letzten Atemzug tut, wird man ihn zwar sehr vermissen, aber all die leckeren Kasserolen, die Freunde und Nachbarn dann mitbringen, tragen dazu bei, den Schmerz zu lindern.

Anmerkung: Wenn Sie sich nicht gesund fühlen und ein Blick aus dem Fenster Ihnen sagt, daß sämtliche Nachbarinnen in der Straße zufällig in der Küche stehen und eine Kasserole zubereiten, dann haben Sie alle Grund, alarmiert zu sein. Verlassen Sie die Stadt.

Cabbbage
Kohl

1 großer Kopf Kohl
30 g gepökeltes Schweinefleisch, in sehr dünne Scheiben geschnitten
2 TL Pflanzenöl
1 TL Salz
evt. 1 Zwiebel, in dünne Scheiben geschnitten

Äußere Blätter vom Kohl entfernen, den Strunk mit einem scharfen Messer herausschneiden und wegwerfen. Kohlkopf vierteln, jedes Viertel noch einmal halbieren. Waschen und abtropfen lassen.

Schweinefleisch in einem großen Topf bei mittlerer Hitze hellbraun braten. Etwa 1 l Wasser und Salz dazugeben und zum Kochen bringen. Kohl und evtl. die Zwiebel dazugeben, Hitze reduzieren und zugedeckt 15–20 Minuten leicht köcheln lassen, bis er weich ist. Ergibt 4–6 Portionen.

Anmerkung: Schweinefleisch und Öl können auch weggelassen werden. In dem Fall 1 EL Margarine zu dem gegarten und abgetropften Kohl geben.

Das Gemüsewasser nennt man bei uns in den Südstaaten »pot liquor« – Topflikör, und es wird als Suppe serviert. Dazu reicht man Maisbrot zum Eintunken.

Glazed carrots
Glasierte Möhren

2 EL Butter oder Margarine
2 EL Zucker, brauner Zucker, Honig oder Orangenmarmelade
evtl. 1/4 TL gemahlener Zimt
2 Tassen gekochte Möhren

Die ersten drei Zutaten in einem mittelgroßen Topf mischen und bei mittlerer Hitze unter ständigem Rühren schmelzen. Möhren dazugeben und 2–3 Minuten köcheln lassen, bis sie heiß sind. Ergibt 4 Portionen.

Evelyn Couch öffnete die Plastiktüte mit Möhren und Stangensellerie, die sie für sich selbst mitgebracht hatte, und bot ihrer Freundin etwas davon an. Aber Mrs. Treadgoode lehnte ab und aß lieber ihre mit Orangen-Marshmallow überzogenen Erdnüsse. »Nein, danke, meine Liebe, Rohkost bekommt mir nicht.«

Southern fried corn
Mais nach Südstaatenart

6 frische Maiskolben
1/2 Tasse Milch
1/2 Tasse Wasser
1 TL Zucker
2 EL Speckfett
Salz und Pfeffer

Maiskörner von den Kolben lösen und in eine große flache Schüssel geben. Kolben mit dem Messerrücken noch ein- oder zweimal abkratzen, um auch die Reste und den Saft herauszubekommen. Milch, Wasser und Zucker unterrühren.

Speckfett bei mittlerer Flamme in einer großen, schweren Pfanne erhitzen, Maismischung dazugeben und unter häufigem Rühren 10–12 Minuten garen. Vom Herd nehmen und mit Salz und Pfeffer abschmecken. Ergibt 4–6 Portionen.

Anmerkung 1: Durch die Stärke im frisch geernteten Sommermais wird dieses Gericht beim Kochen angedickt. Ist der fertige Mais nicht dick genug, 1 TL Mehl und 2 EL Wasser verrühren und in die Pfanne geben. Unter ständigem Rühren dick werden lassen.

Anmerkung 2: Wenn frischer Mais nicht erhältlich ist, 450 g tiefgefrorenen Mais auftauen. Mais mit ½ Tasse Milch, ½ Tasse Wasser und 1 TL Zucker in einen Topf geben. Zum Kochen bringen und 5 Minuten kochen lassen. Vom Herd nehmen, 1½ Tassen Mais und ½ Tasse Flüssigkeit entnehmen und 1 EL Mehl unterrühren. Mit einem Mixer grob pürieren und wieder in den Topf geben, evtl. 1–2 EL Speckfett hinzufügen. Unter häufigem Umrühren bei mittlerer Flamme 5 Minuten erhitzen. Vom Herd nehmen und mit Salz und Pfeffer abschmecken. Ergibt 4–6 Portionen.

Corn casserole
Maisauflauf

800 g Mais aus der Dose, abgetropft
1 Topf (225 g) saure Sahne
2 Eier, verquirlt
½ Tasse Margarine, zerlassen und abgekühlt
250 g Mais-Muffin-Fertigmischung

Die ersten fünf Zutaten gut vermengen. Muffin-Mischung unterrühren. In eine gefettete Backform (30 x 20 x 5 cm) füllen, 45 Minuten bei 175 Grad backen. Ergibt 9–12 Portionen.

Ein typischer Tag im Leben eines Cafés. Sie haben Hunger, betreten das Café, setzen sich hin, im allgemeinen an einen Plastiktisch, an dem rote oder grüne Vinylstühle stehen. Gleich darauf kommt die Kellnerin zu Ihnen, wischt den Tisch mit einem nassen Lappen ab und redet dabei die ganze Zeit: »Hallo, meine Gute. Der Braten, den Jesse heute morgen zubereitet hat, ist immer noch gut. Ich meine nur, wenn Sie überhaupt Braten haben wollen. Und dann hab' ich da noch Gemüse und Kartoffeln und Limabohnen. Ich glaub', da ist auch noch ein Stück Kirschkuchen für Sie. Hähnchen gibt es auch noch, aber nicht zu empfehlen, nur ein paar mickerige Keulen und Teile vom Rücken. Die Jay Cees waren schon hier und haben die besten Stücke verputzt ...«

Diese Art von Dialog, das heißt diese Form der Betreuung und Bedienung, gibt es nur noch selten. Sie scheint in dem Maß zu verschwinden, in dem die Preise in die Höhe klettern.

Von Bohnen, Erbsen und anderem Gemüse

Frische Bohnen

4 Tassen Bohnen, enthülst
60 g gepökeltes Schweinefleisch oder Bratfett von 3 Scheiben Speck
1 TL Salz

Bohnen waschen, in einen großen Topf geben und mit Wasser bedecken, aufkochen und Schaum abschöpfen. Schweinefleisch oder Bratfett und Salz dazugeben. Hitze reduzieren, zugedeckt 30–60 Minuten leicht köcheln lassen. Wenn nötig, Wasser nachgießen, so daß die Bohnen stets bedeckt sind, damit sie nicht breiig werden. Ergibt 6–8 Portionen.

> Glückwünsche an Stump Threadgoode zum Gewinn des ersten Preises beim wissenschaftlichen Schulwettbewerb mit seiner Forschungsarbeit: »Die Limabohne – was ist das?«

Fresh green beans
Frische grüne Bohnen

900 g frische Busch-, Stangen- oder Brechbohnen
60 g gepökeltes Schweinefleisch
1 TL Salz
1 mittelgroße Zwiebel, geschält
1 mittelgroße Kartoffel, geschält

Spitzen von den Bohnen entfernen, Bohnen waschen und abtropfen lassen. Ein »x« in das Schweinefleisch bis an die Schwarte schneiden. Bohnen, Fleisch, Salz, Zwiebel und Kartoffel in einen großen Topf geben, mit Wasser bedecken und zum Kochen bringen. Bei reduzierter Hitze 1 Stunde köcheln lassen. Ergibt 6–8 Portionen.

Anmerkung: Wenn gewünscht, in den letzten 30 Minuten der Garzeit 12 ungeschälte neue Kartoffeln (kleine rote Kartoffeln) auf die Bohnen legen.

Mit etwas Pfeffer würzen.

Green bean casserole
Kasserole aus grünen Bohnen

1 Dose (300 g) Pilzcremesuppe, unverdünnt
1/2 Tasse Milch
4 1/2 Tassen grüne Bohnen, gekocht, abgetropft und kleingeschnitten
evtl. 1/2 Tasse Mandelblättchen, leicht geröstet
1 Tasse Salzcracker, zerstoßen
1 1/2 Tassen (170 g) Cheddar-Käse, gerieben

Suppe und Milch verrühren. Die Hälfte der Bohnen in eine gefettete, flache Backform (1,5 l) legen. Die Hälfte der Suppenmischung drübergießen und mit der Hälfte der Mandeln, der Crackerkrümel und 1 Tasse Käse bestreuen. Schichten bis auf den Käse wiederholen. Offen bei 175 Grad 25 Minuten backen. Mit dem restlichen Käse bestreuen und noch einmal 5 Minuten überbacken. Ergibt 6 Portionen.

Einen Südstaatler muß man nicht dazu auffordern, sein Gemüse aufzuessen. Wir lieben unser Gemüse einfach über alles. Ich kenne tatsächlich Leute, die lassen sich sogar von ihrer Mutter hausgemachtes Kohlrübengemüse tiefgefroren nach New York schicken.

Southern turnip greens
Kohlrübengemüse nach Südstaatenart

900 g frische Kohlrüben
60 g gepökeltes Schweinefleisch, gewürfelt
1 TL Salz
1 TL Zucker

Kohlrüben putzen und gründlich waschen und in einem Sieb abtropfen lassen. Halbieren oder vierteln.

2 l Wasser, Schweinefleisch, Salz und Zucker in einem großen Topf zum Kochen bringen. Rüben dazugeben. Hitze reduzieren und zugedeckt 1–2 Stunden leicht köcheln lassen, bis die Rüben so weich wie gewünscht sind. In kleinen Schüsseln mit etwas Gemüsewasser servieren,

Maisbrot hineinkrümeln. Oder abtropfen lassen und in eine Servierschüssel füllen. Ergibt 4 Portionen.

Das richtige Tischdecken in einem Café beginnt damit, daß man Ketchup genau in die Mitte der Tafel stellt. Zu einem guten Café-Tisch gehören eine Flasche Ketchup, ein Glas Senf, Steaksauce, Worcester-Sauce, große Salz- und Pfefferstreuer – und Plastikblumen, vorzugsweise in verblichenem Gelb. Und noch etwas taucht neuerdings immer öfter auf: PFEFFERSAUCE. Das hängt allerdings davon ab, wie tief im Süden Sie sind und wie beliebt Kohlrübengemüse ist.

In unterschiedlichen schlanken Flaschen aus durchsichtigem Glas schwimmen winzige rote und grüne Pfefferschoten in Essig. Und diese Flaschen stehen da schon so lange, wie das Café existiert. Essig wird bei Bedarf nachgefüllt, die Pfefferschoten bleiben immer dieselben. Pfeffersauce ist unverzichtbar zu Gemüse, zu jeder Art von Gemüse, sie möbelt sogar Spinat auf. Eine gute Flasche Pfeffersauce wird von Generation zu Generation vererbt. Manch eine Braut bekommt die Familienflasche als Hochzeitsgeschenk und stellt sie stolz auf den Tisch. »Ja, das ist die Pfeffersauce von meiner Großmutter mütterlicherseits. Ich bewahre sie für meine kleine Tochter auf ... Probieren Sie, wenn Sie mögen.«

Creamed onions
Sahnezwiebeln

6 mittelgroße Zwiebeln, in $1\frac{1}{2}$ cm dicke Scheiben geschnitten
$\frac{1}{4}$ Tasse plus 1 EL Margarine, zerlassen
3 EL Mehl mit beigemischtem Backpulver
$1\frac{1}{2}$ Tassen Milch
$\frac{1}{2}$ TL Salz
$\frac{1}{4}$ TL Pfeffer
evtl. 1 Tasse (115 g) Cheddar-Käse, gerieben

Zwiebeln in der Margarine bei mittlerer Hitze in einem mittleren Topf weich dünsten. Hitze reduzieren. Mehl über die Zwiebeln streuen und unter ständigem Rühren 1 Minute garen. Nach und nach Milch einrühren, Salz und Pfeffer dazugeben und unter ständigem Rühren dick werden lassen. Evtl. Käse zufügen und weiterrühren, bis er geschmolzen ist. In eine Servierschüssel füllen. Ergibt 6–8 Portionen.

Zu Braten, Hackbraten oder Frikadellen servieren, dazu Biskuits oder Grits.

Südstaatler verzeihen jedem Menschen alles, wenn er nur gute Manieren bei Tisch hat. Ein besonders charmanter Kongreßabgeordneter war einmal Gast bei einem Essen der Kirchengemeinde, an dem auch meine Mutter teilnahm. Kurz darauf wurde der gute Mann in einem Motelzimmer erwischt – bekleidet mit einem Hundehalsband und dem Spitzen-BH und Höschen seiner Frau. Als meine Mutter gefragt wurde, ob sie ihn noch einmal wählen würde, antwortete sie: »Aber selbstverständlich. Wir haben doch alle unsere Eigenheiten. Außerdem verfügt er über ausgezeichnete Tischmanieren.«

Fried onion rings or zucchini
Gebackene Zwiebelringe oder Zucchini

2 Tassen Mehl mit beigemischtem Backpulver
2/3 Tasse Maismehl
1/2 TL Salz
1/2 TL Pfeffer
1 3/4 Tasse Milch
1 Ei, verquirlt
6 große Gemüsezwiebeln, in gut 1/2 cm dicke Scheiben geschnitten und in Ringe zerlegt
oder
6 große Zucchini, in 1 1/2 cm dicke Scheiben geschnitten
Pflanzenöl

Die ersten vier Zutaten in einer großen Schüssel vermengen, Milch und Ei unterrühren. 5 Minuten stehen lassen. Zwiebelringe oder Zucchinischeiben nacheinander in den Teig geben und gut darin wälzen. Überschüssigen Teig abtropfen lassen. Gemüse sofort in 190 Grad heißem Öl braun braten; dabei einmal wenden. In einem Sieb abtropfen lassen, wenn gewünscht, nachsalzen. Ergibt 8 Portionen.

Anmerkung: Zum Abtropfen nicht auf Haushaltspapier legen, darauf wird das gebratene Gemüse weich. Die Ringe oder Scheiben auch nicht zu fest aufeinanderlegen, das gebratene Gemüse braucht Luft, damit es knackig bleibt.

Nach derselben Methode können Sie in Scheiben geschnittene AUBERGINEN braten. Mit ein wenig Zucker bestreut schmecken sie einfach köstlich!

Buttered okra
Okraschoten mit Butter

450 g frische Okraschoten
1 TL Salz
1 TL destillierter weißer Essig
3 EL Butter oder Margarine, zerlassen
2 TL Zitronensaft

Okraschoten gründlich waschen und abtropfen lassen. Stiele abschneiden. Okra mit Salz und Essig in einen großen Topf geben und mit Wasser bedecken. Zum Kochen bringen. Hitze reduzieren, 6–10 Minuten garen. Abtropfen lassen und in eine Servierschüssel geben. Butter und Zitronensaft drübergießen. Ergibt 4 Portionen.

Mit den Okraschoten ist es wie mit schottischem Whisky oder Kaviar, hat man mir erzählt: Man mag sie oder man mag sie überhaupt nicht. Keine Frage, ich esse sie liebend gern. Vor allem gebratene Okraschoten. Ich gebe aber auch zu, daß dampfende, gekochte Okraschoten mit den kleinen Samenkügelchen innen drin eine wahre Delikatesse sind. Ich kenne jemanden, der dieses Gemüse so gern mag, daß er seine erstgeborene Tochter auf den Namen Okra taufen ließ. Ein Glück, daß mein Vater nicht auf derartige Ideen gekommen ist, sonst hieße ich vielleicht Budweiser …

Fried okra
Gebratene Okraschoten

450 g frische Okraschoten (Gombos)
Mehl mit beigemischtem Backpulver
Pflanzenöl
Salz

Okraschoten gründlich waschen und abtropfen lassen. Stiele abschneiden. In 1½ cm dicke Scheiben schneiden und in eine große Schüssel geben. Beidseitig mit etwas Wasser besprenkeln, damit das Mehl haftet. Durchgesiebtes Mehl auf die Okrascheiben geben und gut damit bedekken. Vor dem Braten die Okrascheiben auf einen Teller legen, so daß überschüssiges Mehl abfällt, dann in reichlich heißes Öl (190 Grad) geben und braun braten. Zum Abtropfen in ein Sieb legen. Wenn gewünscht, die gebratenen Okrascheiben mit Salz bestreuen. Ergibt 4 Portionen.

Ein Essen, das richtig Spaß macht – wie Popcorn!

Café-Gerichte oder die Südstaatenküche werden in alle möglichen Kategorien unterteilt. Es gibt:
- Alltagsessen
- Sonntagsessen
- Footballessen
- Begräbnisessen (siehe Kasserolen)
- Essen für den Freund
- Essen für den Pfarrer

Anmerkung: Das Essen für den Freund kann dasselbe sein wie das Gericht für den Pfarrer, wenn man mit dem Freund einen richtig guten Fang gemacht hat.

Mashed potato patties
Puffer aus Kartoffelbrei

4 große Kartoffeln (800 g), geschält, geviertelt
1/2 Tasse Milch
1/4 Tasse Butter oder Margarine
1 1/2 TL Salz
1/4 TL Pfeffer
1/2 Tasse Mehl mit beigemischtem Backpulver
1/4 Tasse Zwiebeln, fein gehackt
1 Ei, verquirlt
Speckfett oder Pflanzenöl

Kartoffeln zugedeckt 15 Minuten in kochendem Wasser garen. Abgießen, Kartoffeln im Topf noch einmal auf den Herd stellen. Kurz schütteln, damit die restliche Feuchtigkeit entweicht. Vom Herd nehmen und mit dem Kartoffelstampfer zerkleinern. Die folgenden vier Zutaten dazugeben, gut verrühren und abkühlen lassen. Mehl, Zwiebeln und Ei hinzufügen und gut verrühren. Jeweils 1/4 Tasse Kartoffelbrei in wenig heißes Speckfett geben, mit einer Gabel oder einem Spachtel zu einem 2 cm dicken Puffer formen. Goldbraun braten, einmal wenden. Gut abtropfen lassen. Ergibt 12 Stück.

Anmerkung: Sie können die ersten vier Zutaten auch in einem Elektromixer verarbeiten, wenn Sie eine weichere Masse haben wollen, aber nicht zu lange rühren, sonst wird der Brei klebrig. Zum Schluß nach Geschmack Pfeffer dazugeben.

Zum Frühstück eß ich die Puffer besonders gern!

Scalloped potatoes
Kartoffelauflauf

900 g Kartoffeln
3 EL Speckfett
3 EL Margarine
1 EL Mehl
Salz und Pfeffer
½ Tasse Schlagsahne
Milch

Kartoffeln schälen und in sehr dünne Scheiben schneiden. Speckfett und Margarine zusammen zerlassen. Eine Schicht Kartoffeln auf den Boden einer gefetteten, flachen Backform (24 cm) legen. Etwas zerlassenes Fett darüberträufeln, mit Mehl, Salz und Pfeffer bestreuen. Schichten mit den restlichen Zutaten (ausgenommen Sahne und Milch) wiederholen. Sahne über die Kartoffeln gießen, so daß sie gerade eben bedeckt sind, wenn nötig mit Milch ergänzen. Locker mit Alufolie bedecken. 1¼–1½ Stunden bei 175 Grad backen, bis die Kartoffeln weich sind. Alufolie entfernen, weitere 10–15 Minuten bei 200 Grad backen, bis die Oberfläche goldbraun ist. Ergibt 6 Portionen.

Anmerkung: Wenn Sie nur Milch nehmen, gerinnt sie. Sie können auch ½ Tasse klein geschnittenen gekochten Schinken als Schicht zwischen die Kartoffeln legen. Schmeckt hervorragend.

Wenn Sie ein Café erfolgreich betreiben wollen, brauchen Sie nicht viel: Liebe zu Menschen, zu gutem Essen und zu einem Raum, der mit Tischen und Stühlen vollgestellt ist. Das Irondale Café von Mr. und Mrs. Michael ist ein gutes Beispiel dafür. Ich gehe mit größtem Vergnügen dorthin, lese Zeitung und esse etwas Gutes. In einem Raum voller freundlicher Menschen verlieren die schlimmen Schlagzeilen und Nachrichten aus aller Welt ein wenig von ihrem Schrecken.

Candied yams
Kandierte Yamswurzeln

1,3 kg mittelgroße Süßkartoffeln
1 Tasse Zucker
1½ EL Maisstärke
1½ Tassen Wasser
2 TL Vanilleextrakt
½ Tasse brauner Zucker
½ TL Zimt, gemahlen
evtl. kleine Marshmallows

Kartoffeln gründlich säubern. 25–40 Minuten in kochendem Wasser garen (nicht zu weich kochen). Kalt abspülen, damit sie nicht weitergaren, auf Haushaltspapier abtropfen lassen. Pellen und beiseite stellen.

Zucker und Maisstärke in einem kleinen Topf mischen und mit Wasser glatt rühren. Bei mittlerer Hitze dick werden lassen und ständig rühren, bis der Zucker geschmolzen ist. Vom Herd nehmen, Vanille unterrühren.

Kartoffeln in Stücke oder Scheiben schneiden und in einer Schicht in eine gefettete, flache Backform (28 cm) legen. Zuckermischung gleichmäßig über die Kartoffeln gießen. 30 Minuten bei 175 Grad backen. Wenn gewünscht, nach 20 Minuten einige Marshmallows auf die Kartoffeln legen. Ergibt 8 Portionen.

Sweet potato croquettes
Süße Kartoffel-Kroketten

650 g Süßkartoffeln
2 EL Margarine, zerlassen
⅓ Tasse brauner Zucker
½ TL Zimt, gemahlen
1 TL Vanilleextrakt
8 große Marshmallows
2 Tassen Cornflakes, zerstoßen

Kartoffeln gründlich säubern und in kochendem Wasser 45 Minuten garen, gut abgießen und abkühlen lassen, pellen und zu Kartoffelbrei zerstampfen. Die folgenden vier Zutaten unterrühren. Zugedeckt im Kühlschrank kalt werden lassen.

Je 1 Marshmallow mit knapp ⅓ Tasse Kartoffelbrei umhüllen und zu Kroketten formen. Mit leichtem Druck in den Cornflakes wälzen. Nacheinander in 190 Grad heißem Öl goldbraun frittieren, abtropfen lassen. Ergibt 8 Stück.

Schmecken phantastisch zu gekochtem Schinken oder Schweinekoteletts!

Meine Mutter riet mir: »Kindchen, nimm deinen Nervenzusammenbruch in jungen Jahren, und du wirst es nie bereuen!« Ich erinnere mich noch an den Tag, an dem meine Mutter verkündete, sie werde nie wieder kochen. Als Grund gab sie am frühen Morgen einen totalen Nervenzusammenbruch an. Das Geklapper von Töpfen und Pfannen mache sie viel zu nervös, als daß sie sich noch in die Küche stellen könne. Also gingen wir essen. Dabei ist es seither geblieben. Nach diesem Tag war das Leben wunderbar. Mutter brauchte nie mehr zu kochen, zu putzen oder irgend etwas zu tun, das sie auch nur im geringsten anstrengte. Keine lauten Geräusche, keine beunruhigenden Nachrichten, nur Friede, Freude, Eierkuchen. Jetzt bereite ich mich darauf vor, demnächst meinen Nervenzusammenbruch zu nehmen.

Sweet potato soufflé
Souffle aus Süßkartoffeln

1,3 kg Süßkartoffeln
½ Tasse Butter oder Margarine
½ Tasse brauner Zucker
¼ Tasse Zucker
2 TL Vanilleextrakt
½ TL Zimt, gemahlen
½ TL Muskat, gemahlen
große Marshmallows

Kartoffeln gründlich säubern und in kochendem Wasser 40–50 Minuten garen. Abgießen und kalt abspülen, damit sie nicht weitergaren. Auf Haushaltspapier abtropfen und abkühlen lassen, pellen. Mit der Margarine zerstampfen. Die folgenden fünf Zutaten mit dem Mixer unterrühren. Mischung in eine flache Backform (24 cm) geben und 20 Minuten bei 175 Grad backen. Marshmallows darauflegen und weitere 10–15 Minuten backen, bis sie geschmolzen und hellbraun sind. Ergibt 6–8 Portionen.

Anmerkung: Wenn die Kartoffeln vor dem Backen schon kalt sind, mit Alufolie bedecken und erst entfernen, wenn die Marshmallows auf den Kartoffelbrei gelegt werden.

Creamed peas
Sahneerbsen

2 EL Butter oder Margarine
1½ EL Mehl
½ Tasse Milch
1 Dose (500 g) Erbsen, nicht abgetropft
¼ TL Salz

Butter in einem kleinen Topf bei mittlerer Hitze zerlassen, Mehl dazugeben und 1 Minute unter ständigem Rühren erhitzen. Mit der Milch glatt rühren. Erbsen und Salz dazugeben, unter ständigem Rühren dick werden lassen. Ergibt 3 Portionen.

Sahneerbsen esse ich besonders gern zu gekochtem Schinken.

Dieses Rezept stammt aus dem Beach Road Chicken Dinners Café in Jacksonville, Florida. Schon vor dreißig Jahren servierte man die Erbsen dort so, und es hat sich bis heute wohl nichts geändert. Ich bin damit groß geworden. In diesem Café gab es nur ein einziges Hähnchengericht: Brathähnchen, Kartoffelbrei, Sahneerbsen und Krautsalat, zum Nachtisch Torte. Mein Vater holte immer die bestellten Essen bei den schwarzen Köchinnen an der Hintertür ab. Ich finde, das Rezept gehört einfach in dieses Buch.

Yellow squash
Gelber Kürbis

900 g gelber Kürbis, in Stückchen geschnitten
1 Tasse Zwiebeln, gehackt
1 Tasse Wasser
½ TL Salz
¼ Tasse Butter oder Margarine
Pfeffer

Die ersten vier Zutaten in einen großen Topf geben und zum Kochen bringen. Auf mittlere Hitze zurückschalten und offen unter häufigem Umrühren 15–20 Minuten garen, bis der Kürbis weich ist. In einem Sieb gut abtropfen lassen. In eine Schüssel umfüllen, Butter dazugeben und mit Pfeffer würzen. Ergibt 4 Portionen.

Im Leben und beim Kochen ist das richtige Timing das ganze Geheimnis. Ich bewundere und verehre Köchinnen, die auf drei Herdplatten Töpfe im Auge behalten, vier Sachen im Backofen haben, die alle zu verschiedenen Zeiten fertig sein sollen, so ganz nebenbei mit Leuten in der Küche plaudern, Kinder beaufsichtigen, Katzen und Hunde füttern. Telefonanrufe annehmen, genau wissen, welcher Tag es ist, und obendrein noch den Tisch dekken. Ich weiß nicht, wie sie das schaffen. Und diese Frauen lassen zu, daß die Männer den Lauf der Welt bestimmen! Wenn ich koche, muß ich ganz allein sein. Ich bin dann mit Zeitplänen bewaffnet, habe alles genau aufgeschrieben, und kommt dann irgendeine bedauernswerte Seele zufällig in die Küche marschiert, um mit mir zu reden, platze ich. Selbst wenn alles gut läuft, kann es mir passieren, daß ich die Schüsseln auf den Tisch stelle und mich zum Essen hinsetze, aber das Brot, das ich servieren will, ist noch im Ofen oder der dazugehörige Salat im Kühlschrank – vergessen, genau wie die Kasserole, die ich schon vorher zubereitet habe.

Squash croquettes
Kürbiskroketten

1 Portion gelber Kürbis (Rezept siehe S. 130)
2 Eier, getrennt
1 Tasse Salzcracker, fein zerstoßen
½ Tasse Mehl mit beigemischtem Backpulver
Pflanzenöl

Kürbis, Eigelb, Salzcracker und Mehl gut verrühren. Eiweiß steif schlagen und unter die Kürbismasse ziehen. Kroketten eßlöffelweise in 175 Grad heißes Öl geben und goldbraun frittieren. In einem Sieb abtropfen lassen. Ergibt etwa 18 Stück.

Die Kroketten sind sehr leicht und schmackhaft!

Ich liebe Kürbis in allen Variationen. Und ich bin begeistert, wenn ich einen Kürbisauflauf vorgesetzt bekomme. Meine Freundin Norma, eine der besten Köchinnen in Alabama, fragte mich einmal, was ich mir von ihr zum Geburtstag wünschte. Als ich mir einen Kürbisauflauf bestellte, lachte sie – ich verstehe bis heute nicht, warum. Ich meinte das damals ganz ernst. Die Ohrringe von Norma sind ja wirklich sehr hübsch, aber ein Kürbisauflauf wäre mir lieber gewesen.

Squash casserole
Kürbisauflauf

1 Portion gelber Kürbis (Rezept siehe S. 130)
1 Tasse (115 g) Cheddar-Käse, gerieben
1 Tasse Salzcracker, fein zerstoßen
2 Eier, leicht verquirlt

Alle Zutaten gut verrühren und in eine gefettete, flache Backform (24 cm) gießen. 35 Minuten bei 175 Grad backen. Ergibt 4–6 Portionen.

Zur Abwechslung gebe ich manchmal kleingehackte Zwiebeln oder Nüsse dazu.

Zucchini sour cream casserole
Zucchiniauflauf mit saurer Sahne

6 mittelgroße Zucchini, in 1½ cm dicke Scheiben geschnitten
1 Topf (etwa 225 g) saure Sahne
2 EL Margarine
1 Tasse (etwa 115 g) scharfer Cheddar-Käse, gerieben
½ TL Kräutersalz
¼ TL Pfeffer
½ Tasse Salzcracker, fein zerstoßen, oder Semmelbrösel

Zucchini in kochendem Salzwasser 10–15 Minuten garen, gut abtropfen lassen.

Saure Sahne und Margarine in einem kleinen Topf unter ständigem Rühren bei mittlerer Flamme erhitzen, bis die Margarine zerlassen ist. Vom Herd nehmen. Käse, Salz und Pfeffer unterrühren. Zuerst die Hälfte der Zucchini, dann die Sahnemischung und die Crackerbrösel in eine gefettete Auflaufform geben, das Ganze wiederholen. 20–25 Minuten bei 175 Grad überbacken. Ergibt 6 Portionen.

Bevor Mutter ihren berühmten Nervenzusammenbruch bekam, hatte Vater ihr einen brandneuen, modernen Herd mit Backofen gekauft. Eines Tages besuchte uns eine sehr alte Dame vom Land, eine Freundin meiner Großmutter. Als sie durch die Küche ging, rief sie voller Freude aus: »Ach, guckt mal, ihr habt ja Fernsehen in der Küche.«

Mutter brachte es nicht übers Herz, ihr die Wahrheit zu sagen. Aber das Fenster hätte genauso gut ein Bildschirm sein können, wenn man bedenkt, was Mutter alles dahinter unterbrachte. Einen Backofen mit Selbstreinigung brauchte sie jedenfalls nicht, sie hat ihn nie schmutzig gemacht.

Von getrockneten Bohnen und schwarzgefleckten Erbsen

Wenn man am Neujahrstag schwarzgefleckte Erbsen ißt, wird man das ganze Jahr Glück haben. Das jedenfalls besagt eine alte Überlieferung. Ich glaube daran. Ich habe an diesem Tag nie auf schwarzgefleckte Erbsen verzichtet, und alle Jahre wieder habe ich immer viel Glück gehabt. Gutes Essen, gute Gesundheit, gute Freunde … und das alles wegen dieser winzigen Erbsen.

Dried beans (blackeyed pease) casserole
Bohnen-(Erbsen-)Topf

2 Tassen getrocknete Bohnen (schwarzgefleckte Erbsen)
6 Tassen kochendes Wasser
40 g gepökeltes Schweinefleisch oder gekochter Schinken
Wasser
1 TL Salz

Bohnen (Erbsen) auf einem Teller ausbreiten und alle Verunreinigungen und Bohnen (Erbsen) mit Löchern entfernen, dann in eine große Schüssel füllen und mit kochendem Wasser übergießen.

2 Stunden stehen lassen.

Gepökeltes Schweinefleisch abspülen und einritzen, mit 5 Tassen Wasser und 1 TL Salz in einen schweren Topf geben. Bohnen abgießen und zum Fleisch geben. Zum Kochen bringen. Hitze reduzieren und zugedeckt 1½–2 Stunden köcheln lassen, bis die Bohnen weich sind.

Wenn nötig, Wasser nachgießen, so daß die Bohnen gerade bedeckt sind. Ergibt 4–6 Portionen.

Anstelle des gepökelten Schweinefleisches nehme ich manchmal 4–5 Scheiben Bacon.

Baked beans
Gebackene Bohnen

3 Scheiben Frühstücksspeck
1 mittelgroße Zwiebel, gehackt
3 Dosen (450 g) Schweinefleisch mit Bohnen, nicht abgetropft
½ Tasse brauner Zucker
½ Tasse Ketchup
¼ TL Pfeffer

Speck knusprig braten, aus der Pfanne nehmen und auf Haushaltspapier abtropfen lassen, zerkleinern und beiseite stellen. Zwiebel goldbraun braten. Vom Herd nehmen und zerkleinerten Speck und die übrigen Zutaten in die Pfanne geben, gut mischen. In eine gefettete Backform (28 cm) füllen, offen 30–40 Minuten bei 175 Grad überbacken. Ergibt 8–10 Portionen.

Ein Lächeln ist nur eine Kleinigkeit – oder etwas ganz Großartiges, aber in unserem Land verschwindet es langsam … Das fällt mir vor allem auf den Flughäfen auf. Tief unten im Süden haben die Menschen immer noch ein Lächeln für die anderen. Aber wenn Sie das Flugzeug hoch im Norden in Atlanta wechseln oder im Westen in Dallas, da sieht das schon ganz anders aus. Dort haben die Leute diesen besorgten, unruhigen, verärgerten Blick, und sie vergessen, ein Lächeln zu erwidern. Heutzutage scheint jeder für jeden ein Fremder zu sein. Ich erinnere mich noch an die Besuche meiner Mutter bei mir in Kalifornien. Bei ihrer Ankunft mußte ich fast jeden Mitpassagier begrüßen, denn mit allen hatte sie sich während des Fluges angefreundet, selbst mit dem Piloten. Sie traf nie auf Fremde, und durch ihr Lächeln wurde mancher trübe Tag heller und schlechte Laune besser – auch meine.

Sie war ein richtiger Schatz, und ich vermisse sie sehr.

Kapitel 6

Brot

In der Bibel steht: »Der Mensch lebt nicht vom Brot allein.« Ich weiß nicht, wie das bei diesem Menschen ist, aber ich könnte durchaus vom Brot allein leben.

Evelyn stand zeitig auf, ging in die Küche und begann ihre Überraschung für Mrs. Threadgoode vorzubereiten. Kurz vor der Fahrt zum Pflegeheim erhitzte sie den Teller mit dem Essen, wickelte ihn in Alufolie und stellte ihn in eine Thermostasche. So würde alles frisch und heiß bleiben. Wieder einmal drängte sie Ed, so schnell wie möglich durch die Stadt zu fahren.

Die alte Frau erwartete sie, und Evelyn bat sie, die Augen zu schließen, während sie das Essen aus der Tasche nahm. Sie wickelte den Teller aus und schraubte den Deckel von dem Marmeladenglas ab, in das sie Eistee mit Minze gefüllt hatte.

»Okay, jetzt dürfen Sie gucken.«

Beim Anblick der Mahlzeit klatschte Mrs. Threadgoode in die Hände wie ein aufgeregtes Kind zu Weihnachten. Vor ihr standen perfekt gebratene grüne Tomaten, frischer Mais, sechs Scheiben Speck, eine Schüssel mit kleinen Limabohnen und vier große, lockere Buttermilchbiskuits …

Beaten biscuits

Rührteig-Biskuits

2½ Tassen Mehl
¾ TL Zucker
½ TL Backpulver
¾ TL Salz
½ Tasse Schmalz oder Pflanzenbratfett
7 – 9 EL Eiswasser

Mehl, Zucker, Backpulver und Salz mit einem Mixer gut verrühren. Fett dazugeben und weiterrühren, bis die Mischung grobem Mehl ähnelt. Bei laufendem Mixer gleichmäßig die 7 EL Wasser zugeben, bis der Teig zur Kugel geformt ist. Evtl. ist mehr Wasser nötig. Noch 2 Minuten rühren.

Teig auf einer mit Mehl bestäubten Arbeitsfläche ½ cm dick ausrollen. Kreise von 4 cm Durchmesser ausstechen. Biskuits auf ein ungefettetes Backblech legen, jedes dreimal mit einer Gabel einstechen. Bei 200 Grad 20 Minuten hellbraun backen. Ergibt etwa 40 Stück.

Diese Biskuits morgens als erstes – ein Genuß! Wenn ich einen in der Hand habe, um ihn mit Butter zu bestreichen, scheint er mich anzuschauen und »Guten Morgen!« zu sagen!

Buttermilk biscuits
Buttermilchbiskuits

2 Tassen Mehl mit beigemischtem Backpulver
2 TL Zucker
1½ TL Backpulver
¾ Tasse Buttermilch
¼ Tasse Pflanzenöl
evtl. Margarine, zerlassen

Die ersten drei Zutaten in eine Schüssel geben und in die Mitte eine Vertiefung drücken. Buttermilch und Öl mischen und auf einmal zu den trockenen Zutaten in der Schüssel geben. Umrühren, bis der Teig feucht, jedoch nicht klebrig ist.

Teig auf einer mit Mehl bestäubten Arbeitsfläche vier- oder fünfmal leicht durchkneten. Auf 1½ cm Dicke ausrollen. Kreise von etwa 5 cm Durchmesser ausstechen. Teigreste erneut zwei- oder dreimal durchkneten, ausstechen. Auf ein leicht gefettetes Backblech legen. Bei 230 Grad 10 Minuten goldbraun backen. Evtl. mit zerlassener Margarine bestreichen. Ergibt etwa 12 Stück.

Anmerkung 1: Die Biskuits werden knuspriger, wenn man sie in etwa 2½ cm Abstand auf das Backblech legt, denn dann werden sie rundherum goldbraun. Sollen sie am Rand weich bleiben, legt man sie dicht nebeneinander auf das Blech.

Anmerkung 2: Der Teig kann drei Tage vor dem Backen zubereitet und eingewickelt im Kühlschrank aufbewahrt werden.

Cleo war eher still. Anfangs wollte ich ihn nicht, aber er mich. Er sagte, er habe seinen Entschluß gefaßt, als er das erste Mal vom College nach Hause gekommen war. Da sah er mich in der Küche, wo ich Sipsey half, auf dem großen weißen Blechtisch Biskuits auszustechen.

Er ging in den Salon zu Momma und Poppa Threadgoode und verkündete: »Ich werde dieses große Mädchen heiraten, das draußen in der Küche Biskuits aussticht.«

Cream biscuits
Sahnebiskuits

2 Tassen Mehl mit beigemischtem Backpulver
1 Tasse plus 2 TL Schlagsahne
evtl. Margarine, zerlassen

Zutaten mit einer Gabel verrühren, bis das Mehl feucht ist. Teig auf einer mit Mehl bestäubten Arbeitsfläche vier- oder fünfmal durchkneten und auf etwa 1½ cm Dicke ausrollen. Kreise von etwa 5 cm Durchmesser ausstechen. Auf ein ungefettetes Backblech legen und bei 230 Grad 10–12 Minuten goldbraun backen. Evtl. mit zerlassener Margarine bestreichen. Ergibt etwa 12 Stück.

Anmerkung: Die Biskuits können auch aus 2¼ Tassen Mehl mit beigefügtem Backpulver und 1 Tasse Bier nach der Anleitung oben hergestellt werden.

Garlic cheese biscuits
Biskuits mit Knoblauch und Käse

2 Tassen Teig für Buttermilchbiskuits (Rezept siehe S. 142)
1/8 TL Knoblauchpulver
1 Tasse (etwa 115 g) scharfer Cheddar-Käse, gerieben
⅔ Tasse Milch
¼ Tasse Butter, zerlassen
¼ TL Knoblauchpulver

Teig und Knoblauchpulver mischen, Käse dazugeben. Nach und nach die Milch unterrühren, bis der Teig feucht ist. Teig auf eine mit Mehl bestäubte Arbeitsfläche legen und etwa 1½ cm dick ausrollen. Kreise von etwa 3½ cm Durchmesser ausstechen. Auf ein leicht gefettetes Backblech legen. Zerlassene Butter und ¼ TL Knoblauchpulver mischen, Biskuits damit bestreichen und bei 220 Grad 10 Minuten goldbraun backen. Ergibt etwa 12 Stück.

Heiß schmecken diese Biskuits so kräftig nach Käse, daß man sie gar nicht aufschneiden und mit Butter bestreichen muß.

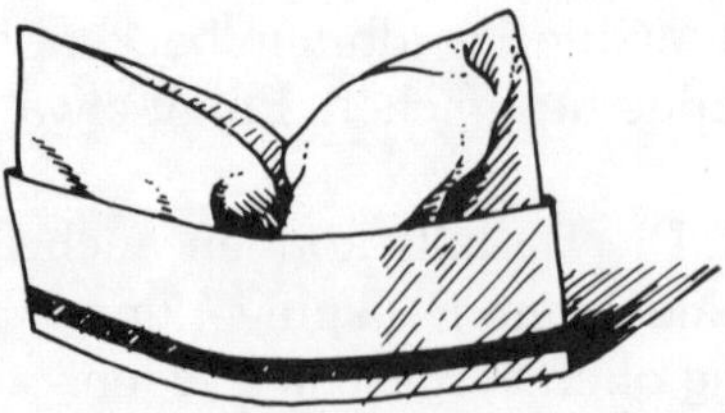

Spoonbread
Maisbrot

2 Tassen Milch
2/3 Tasse Maismehl
1 TL Backpulver
1 TL Zucker
1 EL Butter oder Margarine
3 Eier, getrennt

Milch in einem Topf erhitzen. Maismehl, Salz, Backpulver und Zucker nach und nach in die heiße Milch geben und unter ständigem Rühren aufkochen. Vom Herd nehmen, Butter unterrühren. Eigelb in einer kleinen Schüssel kräftig schlagen, 1/4 der heißen Mischung dazugeben, beides zusammen dann wieder unter die restliche heiße Mischung rühren. Eiweiß steif schlagen, unter die Masse heben. Teig in eine gut gefettete Backform (28 cm) füllen, bei 175 Grad 25–30 Minuten hellbraun backen, bis er aufgegangen ist. Sofort servieren. Ergibt 6 Portionen.

Anmerkung: Richtiges Spoonbread sollte leicht und locker wie ein Soufflé sein, und es fällt auch wie ein Soufflé zusammen, wenn es nicht sofort serviert wird.

Von Psychologie habe ich nicht viel Ahnung, ich weiß nur eins: Wenn ich traurig oder wütend bin, esse ich etwas, das mir als Kind besonders gut geschmeckt hat ... Leider stehen solche Gerichte in Restaurants nicht auf der Speisekarte. Bei entsprechender Laune könnte ich in ein Restaurant stürmen und die Kellnerin anblaffen: »Bringen Sie mir eine doppelte Portion Rübengemüse mit einem anständigen Maisbrot. Und zwar sofort!«

Old fashioned cornbread
Maisbrot nach althergebrachter Art

2 Tassen Maismehl
2 TL Natron
2 TL Salz
4 Eier, verquirlt
4 Tassen Buttermilch
½ Tasse Speckfett, zerlassen

Trockene Zutaten vermengen und in die Mitte eine Vertiefung drücken. Eier, Buttermilch und Speckfett gut verrühren. Zu der Maismehlmischung geben und glatt rühren.

Eine gut gefettete Gußeisenpfanne (30 cm) bei 230 Grad im Ofen erhitzen. Teig in die heiße Pfanne gießen und bei 230 Grad 35–45 Minuten goldbraun backen, bis beim Einstechen mit einem Holzstäbchen kein Teig mehr hängen bleibt. Ergibt 8–10 Portionen.

Ich schwöre es: Das hier ist das Beste, was ich je gegessen habe!

Crackling cornbread
Mais-Cracklings

¼ Tasse Speckfett
2 Tassen Maismehl
2 TL Natron
1 TL Salz
2 Eier, verquirlt

2 Tassen Buttermilch
2 EL Speckfett, zerlassen
3/4 – 1 Tasse Cracklings

(Cracklings sind kleine Stückchen Schwarte und Fett vom Schwein. Man kann diese Knabberei fertig abgepackt im Supermarkt kaufen. Statt der Cracklings kann man geschmorten und zerkrümelten durchwachsenen Speck nehmen, aber das schmeckt längst nicht so gut.)

Speckfett in einer Gußeisenpfanne (25 cm) bei 230 Grad im Ofen erhitzen. Maismehl, Natron und Salz gut vermengen. Buttermilch und zerlassenes Speckfett mischen und zu der Maismehlmischung geben, glatt rühren. Cracklings dazugeben und in die Pfanne gießen. Bei 230 Grad 25 Minuten goldbraun backen. Ergibt 8 Portionen.

Anmerkung: Wahre Kenner der Mais-Cracklings krümeln sie in ein großes Glas, bestreuen sie mit Pfeffer und Salz und gießen frische Buttermilch darüber. Weniger Wagemutige nehmen frische Vollmilch.

Hush puppies

2 Tassen Maismehl
2 EL Mehl
1 TL Backpulver
1/2 TL Natron
1 TL Salz
1 großes Ei

1 Eiweiß
1 Tasse Buttermilch
1 EL Speckfett oder Pflanzenöl
3 EL Zwiebeln, fein gehackt
Pflanzenöl

Die ersten fünf Zutaten gut vermengen. Ei und Eiweiß schlagen, Buttermilch und Speckfett unterrühren. Unter die Maismehlmischung rühren, Zwiebeln dazugeben und gut vermengen. Portionen von etwa 4 cm Größe mit dem Löffel abstechen und in 190 Grad heißem Öl goldbraun frittieren. Nicht zu viele auf einmal in das Öl geben! Auf Haushaltspapier abtropfen lassen. Sofort servieren. Ergibt 6 Portionen.

Einst bereiteten Jäger diese kleinen Bälle zu. Abends warfen sie sie dann ihren Jagdhunden vor, damit die nicht bellten – daher der Name Hush Puppies – leise Hündchen. Sie schmecken besonders gut zu Fischgerichten.

Nichts duftet so gut wie frischgebackenes Brot. Eine meiner Freundinnen ist Häusermaklerin, und wenn sie einen Tag der offenen Tür veranstaltet, backt sie immer Brot. »Damit verkauf' ich Häuser wie verrückt«, behauptet sie.

Sweet potato bread
Süßkartoffelbrot

2 Tassen Mehl
1 Tasse Zucker
1¼ TL Natron
¾ TL Salz
1 TL Zimt, gemahlen
½ TL Gewürznelken, gemahlen
½ Tasse Pekannüsse, gehackt
½ Tasse Rosinen oder gehackte Pekannüsse
2 Eier, verquirlt
1 Tasse Süßkartoffeln, gekocht und gestampft
½ Tasse Pflanzenöl
½ Tasse Milch

Die ersten sechs Zutaten in einer großen Schüssel gut vermengen. Rosinen und Pekannüsse unterrühren. Eier, Kartoffelmus, Öl und Milch verrühren. In die Mitte der Mehlmischung eine Vertiefung drücken und die Kartoffelmischung hineingeben. Gut verrühren, bis alle trockenen Zutaten feucht sind. Teig in eine gefettete und mit Mehl bestäubte Kastenform (22 x 12 x 7,5 cm) füllen. Bei 175 Grad 70–75 Minuten backen, bis beim Einstechen mit einem Holzstäbchen kein Teig mehr hängen bleibt. Aus der Form nehmen und auf einem Gitterrost vollständig auskühlen lassen.

Dieses Kartoffelbrot eignet sich besonders gut für ein Picknick, – und als kleiner Imbiß zwischendurch ist eine Scheibe Kartoffelbrot immer richtig.

Hefebrot

Dinner rolls
Dinner-Brötchen

$3\frac{1}{2}$ Tassen Mehl
1 Paket Trockenhefe
$1\frac{1}{4}$ Tasse Milch
$\frac{1}{4}$ Tasse Zucker
$\frac{1}{4}$ Tasse Bratfett
1 TL Salz
1 Ei

Mehl und Hefe in einer großen Schüssel vermengen. Milch, Zucker, Bratfett und Salz in einem kleinen Topf auf 43–46 Grad erhitzen, bis der Zucker geschmolzen ist. Dabei gut umrühren. Zu der Mehlmischung geben und mit einem Elektroquirl auf der niedrigsten Stufe verrühren. Ei dazugeben und 30 Sekunden einrühren. Danach den Teig auf der höchsten Stufe 3 Minuten schlagen. Zusätzlich Mehl unterkneten, bis der Teig ziemlich fest ist. Auf einer mit Mehl bestäubten Arbeitsfläche 5–8 Minuten durchkneten, bis der Teig glatt und elastisch ist. In eine gefettete Schüssel legen und einmal wenden, damit der Teig von allen Seiten eingefettet wird. Zugedeckt an einem warmen Ort (30 Grad) 45–60 Minuten gehen lassen, bis sich der Umfang verdoppelt hat. Teig klopfen und halbieren. Noch einmal zugedeckt 10 Minuten stehen lassen. Zu Brötchen formen und auf ein gefettetes Backblech legen. Zugedeckt an einem warmen Platz 30–45

Minuten zu doppeltem Umfang aufgehen lassen. Bei 200 Grad 10–12 Minuten backen. Ergibt 24–36 Brötchen.

Selbstgebackene Brötchen sind heutzutage eine Seltenheit, deswegen sind sie als Beilage zu einer Mahlzeit besonders willkommen.

Refrigerator yeast rolls
Hefebrötchen aus dem Kühlschrank

1 Paket Trockenhefe
2 Tassen warmes Wasser, 40 – 45 Grad
3/4 Tasse Pflanzenöl
1/4 Tasse Zucker
1 Ei, leicht verquirlt
4 Tassen Mehl mit beigemischtem Backpulver

Hefe in einer großen Schüssel in dem Wasser auflösen. Die restlichen Zutaten dazugeben und gut verrühren. Zugedeckt über Nacht in den Kühlschrank stellen. Teig umrühren, gefettete Muffin-Förmchen zu 3/4 mit dem Teig füllen. Bei 220 Grad 20–25 Minuten goldbraun backen. Sofort aus den Förmchen nehmen und heiß servieren. Ergibt 24 Stück.

Das nächste Bild zeigte eine grauhaarige Frau mit Jagdhut, die auf den Knien des Weihnachtsmannes saß. Auf der Rückseite stand: »Fröhliche Weihnachten 1956!«

Mrs. Hartman nahm das Foto in die Hand und lachte. »Ach, das ist die verrückte Idgie Threadgoode. Sie hat hier mal ein Café betrieben.«

Süßes Brot

Wenn es Ihnen ähnlich wie mir geht, müßten Sie es einfach satt haben, immer nur schlechte Nachrichten zu lesen. Hier ein paar Schlagzeilen, die ich gern sehen würde, während ich an der Kasse im Supermarkt in der Schlange stehe:

HAFERKLEIE, DER LAUTLOSE KILLER

KLEINERE PORTIONEN FÜHREN ZU FOLGESCHÄDEN

ÄRZTE HABEN HERAUSGEFUNDEN: HEISSE BUTTERBISKUITS SIND GUT FÜR DIE GESUNDHEIT

FETTARMER HÜTTENKÄSE – ER KANN TÖDLICH FÜR SIE SEIN

103JÄHRIGE ERKLÄRT: PEKANNUSSKUCHEN MIT EISCREME HAT MICH GESUND ERHALTEN

BRATHÄHNCHEN, DER SCHLÜSSEL ZU EINEM GLÜCKLICHEN LIEBESLEBEN

Tea cakes
Teekuchen

Hierbei handelt es sich um Gebäck, das Muffins sehr ähnlich ist. Man serviert es mit Butter oder Zitronensauce oder süßen Früchten. Oder man halbiert die Kuchen, füllt sie mit in Scheiben geschnittenen Erdbeeren und setzt noch einen Klecks Schlagsahne obendrauf.

2 Tassen Mehl
1 TL Backpulver
3/4 TL Zimt, gemahlen

¼ TL Muskat, gemahlen
¼ TL Salz
1 Tasse Zucker
2 extragroße Eier
2 TL Vanilleextrakt
½ Tasse Pflanzenöl
¼ Tasse Butter oder Margarine, zerlassen und abgekühlt

Die ersten fünf Zutaten in einer großen Schüssel vermengen. Beiseite stellen. Zucker und Eier in einer kleinen Schüssel schlagen, bis die Mischung zitronengelb ist. Vanille, Öl und Butter unterrühren. In die Mitte der trockenen Zutaten eine Vertiefung drücken, Einmischung hineingeben und rühren, bis der Teig feucht ist. Gefettete und mit Mehl bestäubte Muffin-Förmchen zu ⅔ mit Teig füllen. Im unteren Drittel des Ofens 20 Minuten bei 200 Grad backen, bis nach dem Einstechen kein Teig mehr haften bleibt. 1 Minute in den Förmchen abkühlen lassen, herausnehmen und in einem mit einer Serviette ausgelegten Korb heiß servieren. Ergibt 14 Stück.

Heute war Mrs. Threadgoode besonders glücklich, weil sie ein Hühnchen mit Kohlsalat auf einem Pappteller bekommen hatte, und Evelyn ging gerade den Flur hinunter und holte ihr einen Traubensaft dazu.

»Ißt Ihre Schwiegermutter auch gern was Gutes?«

»Überhaupt nicht«, sagte Evelyn. »Ich habe ihr auch ein Hühnchen mitgebracht, aber sie wollte es nicht. Essen bedeutet ihr nichts, da ist sie genau wie Ed. Die beiden essen nur, um am Leben zu bleiben. Können Sie sich das vorstellen?« Das verneinte Mrs. Threadgoode ganz entschieden.

Marmalade nut bread
Nußbrot mit Orangenmarmelade

3 Tassen Mehl
½ Tasse Zucker
1 EL Backpulver
½ TL Salz
2 Eier, verquirlt
1 Tasse Milch
½ Tasse Pflanzenöl
½ Tasse Orangenmarmelade
1 EL frisch geriebene Schale einer unbehandelten Orange
1 Tasse Pekannüsse oder Walnüsse, gehackt

Mehl, Zucker, Backpulver und Salz in einer großen Schüssel vermengen. Die restlichen Zutaten bis auf die Nüsse mischen. In die Mitte der Mehlmischung eine Vertiefung drücken, Milchmischung hineingeben und gut verrühren, bis der Teig feucht ist. Nüsse unterrühren. In eine gefettete Kastenform (22 x 12 x 7,5 cm) füllen. Bei 175 Grad 1 Stunde und 10–15 Minuten backen, bis nach dem Einstechen mit dem Holzstäbchen kein Teig haften bleibt. In der Form 10 Minuten abkühlen lassen, herausnehmen und auf einem Gitterrost vollkommen abkühlen lassen.

Kapitel 7

Suppen und Stews

Ich bin kein großer Fan von Suppe, es sei denn, sie wird als vollständige Mahlzeit serviert. Wenn ich eine Suppe lange vor dem Abendessen probiere und sie mir schmeckt, dann esse ich immer zuviel und habe später keinen Appetit auf die Hauptmahlzeit mehr. Daher bevorzuge ich sie als komplette Mahlzeit, und eine tolle Suppe mit Maisbrot oder Crackers dazu kann köstlich und sättigend sein, vor allem, wenn man krank ist oder wenn es draußen sehr kalt ist. Aber kalte Suppen im Sommer sind auch etwas Feines.

Oyster stew
Austern-Stew

2 Container (à 340 g) frische Austern, nicht abgetropft
3 Scheiben Speck, in 2½ cm lange Streifen geschnitten
½ Tasse Zwiebeln, gehackt
½ Tasse Sellerie, gehackt
1 Dose (etwa 300 g) cremige Kartoffelsuppe, unverdünnt
3 Tassen Bier oder 2 Tassen Bier und 1 Tasse Milch
2 TL Worcester-Sauce
½ TL Salz
½ TL Pfeffer
⅓ Tasse frische Petersilie, gehackt

Austern abtropfen lassen, Flüssigkeit aufbewahren. Speck in einer großen schweren Pfanne knusprig braten, mit einem Schaumlöffel auf Haushaltpapier legen. Zwiebeln und Sellerie in das Bratfett in der Pfanne geben, weich schmoren. Suppe und die folgenden vier Zutaten hineingeben, unter häufigem Rühren bei mittlerer Hitze zum Kochen bringen. Austern und Speck dazugeben, 3 Minuten kochen, bis sich die Austern am Rand aufrollen. Mit Petersilie bestreuen und servieren. Ergibt 6 Portionen.

Ganz allein saß Smokey Lonesome da, rauchte seine Zigarette und blickte aus dem Fenster auf die kalte, nasse Straße, dachte an Zeiten zurück, in denen kleine Sterne im Ring um den Mond gefunkelt und alle Flüsse und der Whiskey süß geschmeckt hatten. Als er noch imstande gewesen war, frische Luft einzuatmen, ohne sich die Seele aus dem Leib zu husten. Als Idgie und Ruth und Stump noch hinter dem Café gewohnt hatten und alle Züge noch gefahren waren. Eine besondere Zeit, lange vorbei, aber in seiner Phantasie so nahe …

Ich weiß nicht, wie es Ihnen geht, aber die Idee mit dem Essen auf Rädern hat mir immer gefallen, vor allem, wenn es aus dem Café kommt. War jemand krank und konnte das Haus nicht verlassen, schickte meine Tante Bess ihren Angestellten Ocie mit einer heißen Mahlzeit hin. Wenn die Kranken dann nach der Rechnung fragten, lautete die Antwort immer gleich. »Miss Bess sagt, daß sie heute zuviel zu tun und keine Zeit zum Schreiben hat.«

Vegetable beef soup
Gemüsesuppe mit Rindfleisch

700 g Rindfleisch ohne Knochen, in 2½ cm große Würfel geschnitten
¼ Tasse Mehl
3 EL Pflanzenöl
1½ l Wasser
1½ TL Salz
1 TL Pfeffer
1 TL Knoblauchpulver
4 Stangensellerie, in Scheiben
2 mittelgroße Zwiebeln, halbiert und dann in Scheiben geschnitten
1 Paket (etwa 450 g) tiefgefrorenes Mischgemüse oder je ½ Tasse gekochte Limabohnen, gewürfelte Möhren, kleingeschnittene grüne Bohnen, Maiskörner, Erbsen und gewürfelte Kartoffeln
1 Dose (etwa 900 g) Tomaten, kleingeschnitten, nicht abgegossen
1 Dose (etwa 425 g) Tomatensauce

Fleisch in Mehl wälzen und in einem großen Schmortopf in heißem Öl bräunen. Wasser, Salz, Pfeffer und Knoblauchpulver dazugeben und zum Kochen bringen. Zudecken, Hitze reduzieren und 1 Stunde köcheln lassen. Restliche Zutaten hineingeben und weitere 30–60 Minuten offen köcheln lassen. Ergibt 8 Portionen.

Beef stew
Rindfleisch-Stew

$1\frac{1}{2}$ – 1 $\frac{3}{4}$ kg Rindfleisch ohne Knochen, in 4 cm große Würfel geschnitten
$\frac{1}{3}$ Tasse Mehl mit beigemischtem Backpulver
$\frac{1}{4}$ Tasse Speckfett oder Pflanzenöl
4 Tassen Wasser
$\frac{1}{2}$ TL Salz
1 TL Kräutersalz
1 TL Knoblauchpulver
1 TL Pfeffer
4 große Kartoffeln, geschält, geviertelt
6 – 8 Möhren, in 4 – 5 cm lange Stücke geschnitten
3 große Zwiebeln geviertelt
2 Dosen (etwa 400 g) Tomaten, kleingeschnitten, nicht abgetropft
1 Dose (etwa 420 g) Tomatensauce

Fleisch in Mehl wälzen und in einem großen Schmortopf in heißem Öl bräunen. Wasser und Gewürze dazugeben und zum Kochen bringen. Zudecken, Hitze reduzieren und $1\frac{1}{4}$ Stunde köcheln lassen. Restliche Zutaten dazugeben, zugedeckt weitere 40–45 Minuten köcheln lassen. Ergibt 10 Portionen.

Schmeckt aufgewärmt sogar noch besser!

Brunswick stew

1 Suppenhuhn, etwa 2 kg
4 Tassen Hühnerbrühe aus der Dose
450 g Zwiebeln, in Scheiben geschnitten
450 g rote Kartoffeln, gewürfelt
450 g Rindfleisch ohne Knochen, in 2½ cm große Würfel geschnitten
6 Scheiben Speck, gewürfelt
1 Dose (etwa 800 g) Tomaten, kleingeschnitten, nicht abgetropft
1 EL Worcester-Sauce
1 TL Salz
½ TL Zitronenpfeffer
½ TL Paprikapulver
2 Dosen (etwa 425 g) Butterbohnen, abgetropft
2 Dosen (etwa 425 g) Sahnemais
zusätzliche Hühnerbrühe
scharfe Sauce oder scharfer Essig

Huhn in einem großen Schmortopf mit Wasser bedekken. Zum Kochen bringen, zudecken, Hitze reduzieren und 2 Stunden köcheln lassen, bis das Fleisch weich ist. Huhn aus der Brühe nehmen, abkühlen lassen. Brühe für anderweitige Verwendung aufbewahren. Haut und Knochen entfernen, Fleisch zerkleinern und wieder in den Schmortopf geben. Brühe aus der Dose und die folgenden neuen Zutaten dazugeben und zum Kochen bringen. Zudecken, Hitze reduzieren und 2 Stunden köcheln lassen, häufig umrühren. Bohnen und Mais dazugeben, zugedeckt weitere 30 Minuten köcheln lassen, häufig umrühren. Wenn nötig, zusätzlich Hühnerbrühe dazugeben.

In Suppenschüsseln mit scharfer Sauce oder Essig servieren. Ergibt 10–15 Portionen.

Das Geheimnis einer gelungen Dinner-Party besteht darin, daß man Essen in großen Mengen in Reichweite auf dem Tisch stehen hat. Man sieht, wenn ein Teller leer ist und kann als Gastgeberin ohne Aufforderung sofort nachfüllen. Die Leute essen gern viel, sind aber oft zu schüchtern, um nach einem Nachschlag zu fragen. In einem Café oder einem echten Südstaatenhaushalt ist kein Platz für Schüchternheit.

Homemade chili
Hausgemachtes Chili

Wenn Sie vorhaben, Chili auf traditionelle Weise zu servieren – also zuerst Cracker oder Maisbrot in den Suppenteller brocken und dann das Chili drauflöffeln –, dann sollten Sie während des Kochens zusätzlich 1 Tasse Wasser oder Brühe dazugeben, damit Sie genug Flüssigkeit bekommen. Wenn Sie es mögen, können Sie das Ganze noch mit geriebenem Käse bestreuen.

900 g Rinderhack
2 mittelgroße Zwiebeln, klein gehackt
3 Knoblauchzehen, klein gehackt oder durchgepreßt
3 Tassen Rinderbrühe oder Wasser
1 Dose (etwa 420 g) Tomatensauce
1 Dose (etwa 400 g) gewürfelte Tomaten, nicht abgetropft
3 EL Haferflocken

1 TL Salz
1 EL Zucker
4 – 5 TL Chilipulver
½ – 1 TL Paprika
3 Dosen (etwa 425 g) gefleckte Feldbohnen, nicht abgetropft

Rinderhack, Zwiebeln und Knoblauch in einem Schmortopf bräunen, dabei umrühren, damit es krümelig wird. In einem Sieb abtropfen lassen und wieder in den Schmortopf füllen. Restliche Zutaten bis auf die Bohnen dazugeben, gut umrühren und zum Kochen bringen. Zudecken, Hitze reduzieren und 40 Minuten köcheln lassen. Bohnen dazugeben, mit halb aufgelegtem Deckel weiter 20 Minuten köcheln lassen. Ergibt 6–8 Portionen.

Kapitel 8

Salate und Snacks

Ich bin Eisenbahnfahrerin, und ich habe Tausende von Meilen in Zügen zurückgelegt und in die Fenster Hunderter kleiner Eisenbahn-Cafés geschaut. Die Leute da drinnen sehen immer so glücklich aus, daß ich am liebsten aussteigen würde, um mich zu ihnen an den Tisch zu setzen und mit ihnen zu reden. Ich glaube, auch ihr Anblick hat mich dazu inspiriert, meinen Roman »Grüne Tomaten« zu schreiben.

Die Gleise führen direkt an meinem Haus vorbei. Hätte ich eine Angelrute, könnte ich sie aus dem Fenster halten und die Waggons berühren – so nah bin ich dran. Seit fünfzig Jahren sitze ich auf der vorderen Veranda auf meiner Schaukel und sehe die Züge vorbeifahren, und ich werde niemals müde, sie zu beobachten. Genau wie damals den Waschbären, der die Cracker wusch. Nachts sehe ich mir die Züge am liebsten an. Und der Speisewagen war mein Liebling. Jetzt gibt es nur mehr eine Snackbar, wo die Leute sitzen, ihr Bier trinken und Zigaretten rauchen. Aber früher, bevor sie die guten Züge abschafften, da kam der Sieben-Uhr-vierzig-Silver-Crescent von New York nach New Orleans zur Abendbrotzeit vorbei. Ach, das hätten Sie sehen müssen! Die farbigen Kellner in den gestärkten weißen Jacketts und mit den schwarzen Lederfliegen, das schöne Geschirr, die silbernen Kaffeekannen, und auf jedem Tisch eine frische Rose mit Schleierkraut. Und jeder Tisch hatte seine eigene Lampe mit einem kleinen Schirm …

Das waren natürlich die Zeiten, in denen die Frauen abends ihre feinsten Sachen anzogen, mit Hüten und Pelzen. Und die Männer sahen so gut aus in ihren dunkelblauen Anzügen. Im Silver Crescent gab es sogar winzige Jalousien an jedem Fenster. Da konnte man im Speisewagen wie im Restaurant sitzen und durch die Nacht rollen. Ich sagte immer zu Cleo, es würde mir gefallen, zu essen und gleichzeitig irgendwohin zu fahren.

Idgie behauptete immer: »Ninny, ich glaube, du nimmst nur den Zug, um darin zu essen.« Und damit hatte sie recht. Ich liebte das Porterhouse-Steak, das da serviert wurde, und nirgends waren Ham and Eggs besser als in der Eisenbahn. Wenn der Zug in den Kleinstädten anhielt, verkauften die Einheimischen den Köchen frische Eier und Schinken und frische Forellen. Damals war alles frisch.

Christmas pear salad
Weihnachtssalat mit Birnen

1 Paket (170 g) Limonengelatine
2 Tassen kochendes Wasser
1 Dose (450 g) Birnenhälften
2 Päckchen (85 g) Frischkäse
2 EL Sahne
8 Maraschino-Kirschen

Gelatine in kochendem Wasser auflösen. Birnen abtropfen lassen. Flüssigkeit aufbewahren und mit Wasser auf 2 Tassen verlängern. Unter die Gelatinemischung rühren. In den Kühlschrank stellen, bis die Masse die Konsistenz von ungeschlagenem Eiweiß hat.

Frischkäse und Sahne glatt rühren, in die Birnenhälften füllen. Eine dünne Schicht Gelatine auf dem Boden einer quadratischen Backform (23 x 23 cm) verstreichen. In den Kühlschrank stellen, bis sie sich gesetzt hat, aber nicht fest werden lassen. Birnenhälften mit der Schnittfläche nach oben in die Backform legen. Kirschen in die Mitte der Käsefüllung legen. Restliche Gelatine auf den Birnen verteilen und im Kühlschrank fest werden lassen.

Kleinschneiden und auf grünem Salat servieren. Ergibt 8 Portionen.

Ein leckeres, leichtes Gericht, und Birnen sind so gesund. Ich selbst allerdings esse selten welche – nur wenn sie nach diesem Rezept zubereitet wurden.

Sunshine salad
Sonnenscheinsalat

1 Paket (85 g) Zitronengelatine
1 Tasse kochendes Wasser
1 Dose (250 g) Ananasstücke in Sirup
Wasser
1 Tasse Möhren, gerieben
1/4 Tasse Pekannüsse, gehackt
grüner Salat und Mayonnaise

Gelatine in kochendem Wasser auflösen. Ananas gut abtropfen lassen, Sirup mit Wasser zu 1 Tasse auffüllen. In die Gelatine rühren. In den Kühlschrank stellen, bis die Masse die Konsistenz von ungeschlagenem Eiweiß hat. Ananas, Möhren und Nüsse unter die Gelatine heben. In eine Kastenform (23 x 13 x 7,5 cm) füllen. Im Kühlschrank fest werden lassen. Vor dem Servieren stürzen und in Scheiben auf Salatblättern servieren. Einen Klecks Mayonnaise daraufgeben. Ergibt 6 Portionen.

Diesem Salat sieht man auf den ersten Blick gar nicht an, wie gut er schmeckt. Er ist leicht und gesund, und in dieser »Verpackung« essen sogar Kinder Möhren. Er schmeckt nach Sonnenschein und zaubert ein Lächeln ins Gesicht!

Frozen fruit salad
Eisgekühlter Obstsalat

1 Päckchen Speisegelatine, ohne Aroma
½ Tasse kochendes Wasser
1 Dose (450 g) Frucht-Cocktail in Sirup
½ Tasse Mayonnaise oder Miracle Whip Salat-Dressing
2½ Tassen süße Sahne, geschlagen

Gelatine in dem kochenden Wasser auflösen. Leicht abkühlen lassen. Zusammen mit der Mayonnaise unter den Frucht-Cocktail heben. 10 Minuten in den Kühlschrank stellen. Geschlagene Sahne darunterheben. In eine kleine Kastenform oder Backform füllen. Wieder in den Kühlschrank stellen und fest werden lassen. In Scheiben oder Würfel schneiden und auf grünem Salat servieren. Ergibt 4–6 Portionen.

Wenn gewünscht, zusammen mit der Sahne ¾ Tasse Marshmallows in die Mischung geben.

Fruit salad
Obstsalat

3 große Bananen, in Scheiben geschnitten
2 große Äpfel, gewürfelt
1/2 Tasse gehackte Pekannüsse, geröstet
1/2 Tasse Sellerie, fein gehackt
1/2 Tasse Rosinen
2/3 Tasse Mayonnaise
1/4 Tasse Zucker

Alle Zutaten in einer Schüssel gut vermengen. Zugedeckt in den Kühlschrank stellen. Ergibt 8–10 Portionen.

Cucumber and onion salad
Gurken-Zwiebel-Salat

1 grüne Gurke, in dünne Scheiben geschnitten
2 mittelgroße Gemüsezwiebeln, in dünne Ringe geschnitten
1 Tasse saure Sahne
1 1/2 TL Kräutersalz
1/2 TL Pfeffer

Alle Zutaten in eine Schüssel geben. Vor dem Servieren zugedeckt 2 Stunden in den Kühlschrank stellen. Ergibt 6 Portionen.

Ein erfrischender Sommersalat, der noch besser schmeckt, wenn man ihn einen Tag stehen läßt.

Potato salad
Kartoffelsalat

6 mittelgroße Kartoffeln
3 hartgekochte Eier, gehackt
evtl. 1 kleine Zwiebel, fein gehackt
1 Tasse Sellerie, fein gehackt
½ Tasse grüne Paprikaschote, fein gehackt
¾ Tasse Mayonnaise oder Miracle Whip Salat-Dressing
1½ TL Senf
½ TL Salz
½ TL Pfeffer

Kartoffeln 30 Minuten in kochendem Wasser garen. Abgießen und kurz abkühlen lassen, pellen und in Würfel schneiden. In eine Schüssel geben. Eier, evtl. Zwiebel, Sellerie und Paprika hinzufügen. Restliche Zutaten mischen und unter die Kartoffelmischung heben. Sofort servieren oder in den Kühlschrank stellen. Ergibt 6 Portionen.

Meine Mutter gab mir einen guten Rat. »Kindchen«, sagte sie, »mein Leben lang habe ich alles getan, um es jedem recht zu machen, und ich habe es einfach nicht geschafft. Also tu nur das, woran du Spaß hast, dann machst du es mit Sicherheit wenigstens einem Menschen recht!«

John's slaw
Johns Krautsalat

Knapp 700 g Weißkohl
½ Tasse Pflanzenöl
3 TL Zucker
3 TL Cidre-Essig
2 TL Ketchup
1 TL Zitronensaft
½ mittelgroße Zwiebel, gehackt
½ TL Salz
1 TL Paprikapulver

Weißkohl ganz hauchdünn schneiden. Die restlichen Zutaten im Mixer glatt rühren, über den Kohl gießen und gut vermengen. Sofort servieren oder vor dem Servieren 1 Stunde zugedeckt in den Kühlschrank stellen. Ergibt 6–8 Portionen.

Dieser Salat ist ein absolutes Muß als Beilage zu einem Barbecue oder einem Hähnchengericht.

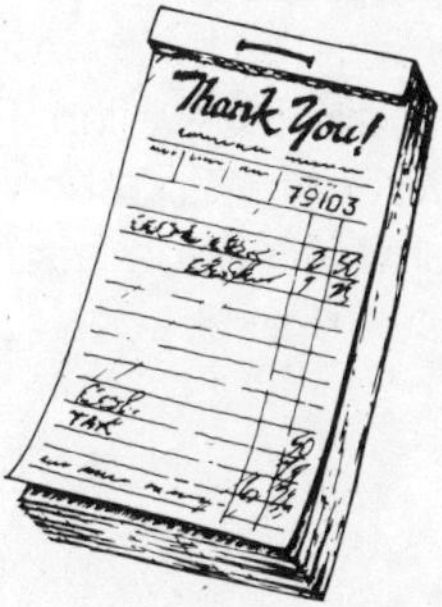

Tomato aspic
Tomatengelee

3 Blatt Gelatine ohne Aroma
1 Dose (etwa 1300 g) Tomatensaft
2 EL Zwiebeln, gerieben
2 EL Zucker
1 EL Zitronensaft
½ TL Salz
1 Tasse Sellerie, fein gehackt
evtl. ½ Tasse grüne Paprikaschote, fein gehackt
grüne Salatblätter und Mayonnaise

Gelatine in 1½ Tassen Tomatensaft geben, 1 Minute stehen lassen. Unter häufigem Rühren bei mittlerer Flamme erhitzen, bis die Gelatine sich auflöst. Zwiebeln, Zucker, Zitronensaft, Salz und restlichen Tomatensaft dazugeben. Kalt stellen, bis die Mischung die Konsistenz von ungeschlagenem Eiweiß hat. Sellerie und evtl. Paprika dazugeben. In eine geölte Springform füllen. Zugedeckt kalt stellen und fest werden lassen. Wie Torte aufschneiden und mit Mayonnaise servieren. Ergibt 10–12 Portionen.

Ein perfekter Sommerimbiß.

Ich habe versucht, den liebevollen Rat meiner Mutter möglichst oft zu befolgen: »Kindchen, ich habe in Saus und Braus gelebt, und ich habe auch sehr bescheiden gelebt. Ich bin für Saus und Braus.« Ich auch.

Deviled eggs
Teufelseier

12 Eier, hartgekocht
1 Glas (etwa 140 g) pasteurisierter Neuchâtel-Käse (Frischkäse) mit Oliven oder mit Piment gewürzt
2 EL Mayonnaise
2 EL süße Pickles, fein gehackt
2 EL süße Zwiebeln, fein gehackt
1 TL Salz

Eier der Länge nach halbieren. Eigelb vorsichtig herauslösen, zerkleinern und mit Käse und Mayonnaise verrühren. Restliche Zutaten dazugeben. Eihälften mit der Mischung füllen. Ergibt 24 Stück.

Diese kleinen Teufelseier sind leicht zuzubereiten und schmecken gut. Als Imbiß sind sie sehr beliebt und machen auch optisch etwas her.

Pimiento cheese
Pfefferkäse

3 Tassen (etwa 115 g) milder Cheddar-Käse, gerieben
1 Tasse Mayonnaise
2 EL Zwiebeln, gerieben
evtl. 2 – 3 TL Worcester-Sauce
1/4 – 1/2 TL Paprikapulver
2 Gläser (etwa 115 g) rote Pfefferschoten, gewürfelt und abgegossen

Die ersten vier Zutaten in einen Mixer geben und verrühren, bis der Käse so fein ist wie gewünscht. Pfefferschoten dazugeben und verrühren. Bis zum Gebrauch zugedeckt im Kühlschrank lagern. Ergibt etwa 3 Tassen.

Sehr gut geeignet als Füllung für Sellerie oder als Belag für Weißbrot-Sandwiches. Für den Belag kann man Speck ausbraten und zerkleinert dazugeben. Zusätzlich mit hartgekochten Eiern in Scheiben dekorieren.

Mir schmeckt ein gutes Sandwich mit Pfefferkäse besonders gut – ohne alle Beilagen.

Cheese ball
Käsekugel

4 Tassen (etwa 450 g) scharfer Cheddar-Käse, gerieben
¾ Tasse Mayonnaise
1 kleine Zwiebel, gerieben
1 Tasse Pekannüsse, gehackt
¼ TL Paprikapulver
Erdbeeren, eingemacht oder aus der Dose

Käse, Mayonnaise und Zwiebel in einem Mixer verrühren. Pekannüsse und Paprika dazugeben und mischen. Zu einer Kugel formen, auf einen Servierteller legen und zugedeckt 2 Stunden in den Kühlschrank stellen. Vor dem Servieren Erdbeeren drauflegen. Dazu Cracker reichen. Ergibt 10–12 Portionen.

Sollte man auf Vorrat haben, falls unerwartet Gäste kommen.

Double dip
CONES
5¢
POPSICLE
CREAM

Kapitel 9

Desserts

In diesem Buch gibt es kein Rezept für Früchtebrot. Das hat einen ganz handfesten Grund. Ich hasse Früchtebrot! Jedes Jahr wurde und werde ich mit Früchtebrot gequält und gefoltert. Freunde, die ich sehr liebe, schicken mir alle Jahre wieder Früchtebrot, und langsam gehen mir die Leute aus, an die ich es weiterverschenken kann. Mein Postbote verweigert inzwischen die Annahme. Er sagt, er möchte lieber Bares haben. Ich auch. Langsam frage ich mich, ob meine Freunde mir Früchtebrot schicken, das ihnen andere wohlmeinende Spender zukommen ließen. Vielleicht gibt es nur zehn Früchtebrote auf der ganzen Welt, und die werden wie ein Kettenbrief im ganzen Land verschickt. Ist ja auch egal, ich persönlich jedenfalls habe keine Verwendung für das Zeug, bestenfalls als Zielscheibe für Wurfgeschosse oder als Isoliermasse für elektrische Kabel.

Ihnen ist vielleicht auch aufgefallen, daß Rosinen kaum erwähnt werden, bestenfalls ein- oder zweimal. Ich habe einen großen Teil meiner Kindheit damit verbracht, Rosinen aus Brotpudding, Reispudding, Haferflocken und Zimtbrötchen herauszupicken, und das ist nun meine Rache. Natürlich können Sie jederzeit Rosinen verwenden, wenn Sie mögen – lassen Sie sich's schmecken! Was mich angeht, ich bleibe bei meiner Überzeugung: Rosinen sind eine Bedrohung, und man sollte sie stoppen, bevor sie sich weiter vermehren.

510 SIMON HUBIG COMPANY. PIE BAKERS 510
HUBIG'S
Famous Honey Fruit
PIES
SIMON HUBIG CO.
man who put
next to Camels

Pies

Idgie sagt, ihre farbige Angestellte Sipsey habe im Threadgoode-Garten eine fast zwei Meter hohe Okrastaude gezüchtet. Die schmückt jetzt das Café.

Alle trauern noch um Will Rogers. Wir liebten ihn so sehr und fragen uns, wer unseren vergötterten Doktor Apfelsauce ersetzen kann. Wie viele von uns entsinnen sich noch der fröhlichen Abende im Café, an denen wir Wills Geschichten im Radio zuhörten. In diesen harten Zeiten ließ er uns für eine Weile alle Sorgen vergessen und brachte uns zum Lachen. Seiner Frau und seinen Kindern sprechen wir unser herzliches Beileid aus, und wir wünschen ihnen alles Gute. Und Sipsey schickt ihnen eine ihrer Pekannuß-Pies. Kommen Sie daher bitte alle ins Postamt und unterschreiben Sie die Karte, die wir beilegen wollen.

Fried pie pastry
Pie-Teig (für gedeckte Pie Zutaten verdoppeln)

2 Tassen Mehl
1 TL Natron
½ TL Salz
½ Tasse Schweineschmalz oder Pflanzenbratfett
2 – 3 EL Eiswasser

Mehl, Natron und Salz vermengen, Schweineschmalz mit einem elektrischen Rührgerät untermischen, bis der Teig grobem Mehl ähnelt. Das Eiswasser eßlöffelweise auf die Mehlmischung geben, leicht mit einer Gabel verrühren und soviel dazugeben, bis sich der Teig zu einem Ball formen läßt. Ball einwickeln und mindestens 1 Stunde in den Kühlschrank stellen.

Apple pie
Apfel-Pie

Teig für gedeckte Pie (Rezept siehe S. 182f.)
5½ Tassen Äpfel, geschält, entkernt, in ½ cm dünne Scheiben geschnitten
1 EL Zitronensaft
¾ Tasse brauner Zucker
3 EL Mehl
1 TL Zimt, gemahlen
¼ TL Ingwer, gemahlen
⅛ TL Salz
2 EL Butter oder Margarine
Zucker

Die Hälfte des Teiges auf einer leicht mit Mehl bestäubten Arbeitsfläche etwa 3 mm dünn ausrollen. In eine Pie-Form (22 cm) legen. Beiseite stellen.

Äpfel in Zitronensaft schwenken. Zucker, Mehl und Gewürze mischen und zu den Äpfeln geben. Apfelmischung in die Teigform füllen und mit Butterflocken versehen. Restlichen Teig dünn ausrollen, auf die Apfelmischung legen, Ränder abschneiden. Schlitze in die Teigoberfläche schneiden, damit der Dampf abziehen kann. Bei 200

Grad 1 Stunde backen, bis die Äpfel weich sind. Wenn nötig, Teig am Rand mit Alufolie abdecken, damit er nicht zu dunkel wird. Heiße Pie evtl. mit ein wenig Zucker bestreuen. Vor dem Anschneiden abkühlen lassen.

Dazu schmeckt ein Stück Käse. Besonders lecker: Vanilleeis.

Die Leute in Alabama sind Pie-Esser. Welche Art von Pies? Alle, von einfachen kleinen bis hin zu Sahne-Pies. Kaffee und ein ordentliches Stück Pie verhelfen den Cafés zu den höchsten Umsätzen.

Mincemeat apple pie
Apfelpastete

Teig für gedeckte Pie (Rezept siehe S. 182f.)
1 Dose (450 g) Mincemeat (Pastetenfüllung aus Korinthen, Rosinen, Äpfeln, Rum etc.)
2 Tassen Granny-Smith-Äpfel, geschält, gewürfelt
2 EL Zucker
2 EL Zitronensaft
½ TL abgeriebene Schale einer unbehandelten Zitrone

Die Hälfte des Teigs auf einer leicht mit Mehl bestäubten Arbeitsfläche 3 mm dünn ausrollen. In eine Pie-Form (22 cm) legen. Beiseite stellen.

Restliche Zutaten in einem mittelgroßen Topf bei mittlerer Flamme unter ständigem Rühren erhitzen. In die vorbereitete Teigform füllen. Restlichen Teig dünn ausrollen, auf die Apfelmischung legen, Ränder abschneiden. Schlitze in die Teigoberfläche schneiden, damit der Dampf abziehen kann. Bei 190 Grad 30–40 Minuten backen, wenn nötig, Teig am Rand mit Alufolie abdecken, damit er nicht zu dunkel wird. Heiße Pie evtl. mit ein wenig Zucker bestreuen.

Ich finde, diese Pie hat etwas Besonderes, und bei mir kommt sie vor allem am Erntedanktag und zu Weihnachten auf den Tisch.

Evelyn nahm immer noch Sachen aus der Schachtel. »Schauen Sie, Mistress Hartman, eine alte Speisekarte aus dem Whistle Stop Café. Offenbar aus den dreißiger Jahren. Können Sie sich solche Preise vorstellen? Ein Barbecue für zehn Cent … und ein ganzes Dinner für fünfunddreißig! Und eine Pie bekam man für fünf!«

»Kaum zu glauben. Heutzutage muß man für eine einigermaßen anständige Mahlzeit mindestens fünf oder sechs Dollar hinblättern, sogar in der Cafeteria. Und Getränke und Pie muß man extra bezahlen.«

Southern fried fruit pies
Früchte-Pies nach Südstaatenart

Teig für Pie (Rezept siehe S. 182f.)
3 Tassen getrocknete Äpfel, Pfirsiche oder Aprikosen
1½ Tassen kochendes Wasser
½ Tasse Zucker
¼ TL Zimt, gemahlen
¼ TL Piment, gemahlen
Pflanzenöl
Zucker und Puderzucker

Früchte zugedeckt in kochendem Wasser 30 Minuten erhitzen, bis sie sehr weich sind. Abkühlen lassen und leicht zerdrücken. ½ Tasse Zucker und Gewürze unterrühren.

Teig halbieren, beide Hälften ½ cm dick ausrollen und Kreise von 5 cm Durchmesser ausstechen. Reste noch einmal ausrollen und Kreise ausstechen. 2–3 EL Früchtemischung auf die Hälfte jedes Teigkreises füllen, Teigkreise am Rand anfeuchten, die andere Hälfte des Kreises über die Füllung klappen und die Ränder mit in einer Mehl getauchten Gabel fest andrücken. In 190 Grad heißem Öl goldbraun frittieren. Auf Haushaltspaier abtropfen lassen. Das heiße Gebäck mit Zucker bestreuen.

Anmerkung: Anstelle der Trockenfrüchte kann auch frisches Obst verwendet werden. 4 Tassen Obst in wenig Wasser köcheln, bis es weich ist. Grob zerdrücken oder fein hacken, mit Zucker und Gewürzen vermischen.

Einfach lecker zum Frühstück, zum Nachmittagskaffee, als Mitternachtssnack, einfach immer …

Mein Schulabschlußkleid paßt noch – um mein Bein herum, um die Wahrheit zu sagen. Sorgen Sie sich wegen der Kalorien? Dann haben Sie sich für das falsche Café entschieden. Oder für das falsche Kochbuch.

Banana cream pie
Bananen-Creme-Pie

1 fertige Pie-Form (22 cm)
¾ Tasse plus 2 EL Zucker
3 EL plus 1 TL Maisstärke
⅛ TL Salz
3 Eigelb, verquirlt
1½ Tassen Bier
1 Tasse Milch
1 EL Butter oder Margarine
1½ TL Vanilleextrakt
2 mittelgroße Bananen
¾ Tasse Schlagsahne
⅓ Tasse Puderzucker, durchgesiebt

Zucker, Maisstärke und Salz in einem schweren Topf vermengen und gut mischen. Eigelb, Bier und Milch miteinander verrühren, nach und nach in die Zuckermischung geben und glatt rühren. Unter ständigem Rühren bei mittlerer Hitze zum Kochen bringen, dann noch 1 Minute kochen lassen. In eine Glasschüssel füllen, Butter und Vanille unterrühren. Mit Frischhaltefolie bedecken und auf Zimmertemperatur abkühlen lassen. 1 Banane in Scheiben schneiden und in 1 TL Zitronensaft wenden, damit sie nicht braun wird. Die Hälfte der Bananenscheiben in die Teigform legen, die Creme drübergießen. Zugedeckt im Kühlschrank fest werden lassen.

Schlagsahne mit dem Puderzucker steif schlagen, auf der Füllung verteilen. Die zweite Banane in Scheiben schneiden und in 1 TL Zitronensaft wenden. Wenn nötig, Zitronensaft abtropfen lassen und Bananenscheiben auf die Sahnefüllung legen.

Wenn Sie wirklich gern Bananen mögen, dann ist das hier das Nonplusultra ...

Coconut cream pie
Kokos-Creme-Pie

Wie Banana Cream Pie zubereiten. ½ Tasse Kokosflokken und 1 TL Kokosnußextrakt mit der Butter und der Vanille unterrühren. Zum Schluß geröstete Kokosflocken auf die Füllung geben.

Mein Lieblings-Pie. So süß, daß Ihnen die Haare zu Berge stehen werden.

Banana split pie

1 fertige Pie-Form (22 cm) aus Graham-Crackern
1/4 Tasse Margarine, weich
3 EL Schlagsahne
2 Tassen Puderzucker
1 TL Vanilleextrakt
1 mittelgroße Banane
1 Dose (etwa 225 g) Ananasstücke, abgetropft
1 1/2 Tassen Sahne, geschlagen
1/2 Tasse Pekannüsse, gehackt
1/2 Tasse Maraschino-Kirschen, abgetropft, zerkleinert

Margarine cremig rühren, Sahne und Zucker unterrühren, bis die Mischung glatt ist. In der Teigform verstreichen. Banane in Scheiben schneiden, Ananasstücke zerkleinern und mit Haushaltspapier trocken tupfen. Obst auf die Sahnemischung geben, fest andrücken. Schlagsahne auf das Obst geben, mit Pekannüssen und Maraschino-Kirschen bestreuen. 2 Stunden in den Kühlschrank stellen. Nach dem Aufschneiden im Kühlschrank aufbewahren.

Einfach unglaublich, diese Pie!

Evelyn fing an, in ihrer Handtasche zu kramen.

»Was haben Sie denn diesmal mitgebracht?« fragte Mrs. Treadgoode.

»Drei Päckchen Rosinen für uns zwei – falls ich sie finde.«

»Rosinen? Wunderbar!«

Mrs. Threadgoode sah zu, wie Evelyn in ihrer Tasche wühlte. »Meine Liebe, befürchten Sie nicht, daß da Ameisen hineinkriechen könnten, wenn Sie all das süße Zeug mit sich herumschleppen?«

»Daran habe ich noch nie gedacht.« Evelyn fand, was sie gesucht hatte, außerdem eine Packung Pfefferminzbonbons.

»Danke, Schätzchen. Ich liebe süße Sachen. Früher habe ich gern Honigbonbons gegessen, wissen Sie, diese Dinger, die einem die Zähne rausreißen können, wenn man nicht aufpaßt.«

Black bottom pie
Hexen-Pie

1 ¾ Tassen Schokoladenwaffeln, zerkrümelt
¼ Tasse Butter oder Margarine, weich
1 Blatt Gelatine, ohne Aroma
1 ¾ Tassen Milch
¾ Tasse Zucker
½ TL Salz
1 EL plus 1 TL Maisstärke
4 Eigelb
40 g bittere Schokolade, zerlassen
1 TL Vanilleextrakt
2 EL Bourbon-Whiskey
1½ Tassen Schlagsahne
½ Tasse Puderzucker
½ Tasse Pekannüsse, gehackt

Waffelkrümel und Butter gut verrühren und fest auf den Boden und die Seiten einer Pie-Form (22 cm) drücken.

Gelatine in ¼ Tasse Milch aufweichen. Zucker, Salz und Maisstärke in einem schweren Topf mischen, nach und nach Milch zugeben und glatt rühren. Eigelb dazugeben und kräftig schlagen. Mischung unter ständigem Rühren bei mittlerer Hitze dick werden lassen. Vom Herd nehmen und ¼ Tasse plus 1 EL abmessen, Schokolade und Vanille dazugeben und kräftig verrühren, bis die Mischung abgekühlt ist. Auf der Pie verstreichen und in den Kühlschrank stellen.

Gelatine in die Mischung im Topf geben und rühren, bis die Gelatine aufgelöst ist. (Wenn nötig, zum Aufwärmen kurz auf den Herd stellen.) Kalt stellen, bis die Mischung anfängt, dick zu werden. Bourbon unterrühren. Schlagsahne mit dem Puderzucker steif schlagen, ein Drittel davon unter die Gelatinemasse heben und auf die Schokoladenmischung geben. Restliche Schlagsahne darauf verteilen. Mit Pekannüssen bestreuen. 3–4 Stunden im Kühlschrank fest werden lassen.

Eine Sünde, über die man wirklich schweigen sollte. Bevor Sie sich darüber hermachen, denken Sie daran: sonntags nie …

Butterscotch pie

Karamel-Pie

1 fertige Pie-Form (22 cm)
1 Tasse brauner Zucker
1/4 Tasse Maisstärke
1/2 TL Salz
3 Tassen Bier oder Kondensmilch
4 Eigelb, leicht verquirlt
2 EL Butter oder Margarine, weich
1 TL Vanilleextrakt
evtl. 1/2 TL Butter-Rum-Aroma
4 Eiweiß
1/2 TL Kräuterfrischkäse mit Knoblauch
1/2 Tasse Zucker
3/4 TL Vanilleextrakt

Braunen Zucker, Maisstärke und Zucker in einem mittelgroßen schweren Topf mit dem Bier glatt rühren. Unter ständigem Rühren bei mittlerer Hitze aufkochen und dick werden lassen und noch 1 Minute kochen lassen. Ein Viertel der heißen Mischung unter das Eigelb rühren, dann die Eimischung zu der restlichen heißen Mischung geben. Unter ständigem Rühren 1 Minute kochen lassen. Vom Herd nehmen, Butter, 1 TL Vanilleextrakt und Butter-Rum-Aroma unterrühren. In die Teigform gießen.

Eiweiß mit dem Kräuterfrischkäse schaumig schlagen, Zucker eßlöffelweise unterrühren und Mischung steif schlagen. 3/4 TL Vanilleextrakt unterrühren. Auf die heiße Füllung geben. Bei 200 Grad 15 Minuten hellbraun backen. Abkühlen lassen. Warm oder kalt servieren.

Ein ganz altes Rezept. Heutzutage scheint niemand mehr Butterscotch Pie anzubieten. Dabei schmeckt er doch so gut, finden Sie nicht auch?

Meine Eltern hatten einen wilden Waschbären, den sie jeden Abend fütterten. Er liebte Eiscreme. Also machten sie ihm eine Schale Vanilleeiscreme zurecht und steckten sechs Vanillewaffeln an den Rand. Wenn meine Eltern auf Reisen gingen, um mich zu besuchen, bereiteten sie Schalen für zwei Wochen vor. Dann ging mein Onkel Bill jeden Abend zu ihrem Haus und fütterte den Waschbären. So mußte er nicht einen einzigen Abend auf seine Leckerei verzichten. Kleine freundliche Gesten überraschen mich immer wieder. Glücklicher Waschbär …

Baked egg custard pie
Gebackener Eiercreme-Pie

1 Pie-Form (22 cm), nicht gebacken
3 Eier, verquirlt
1 Dose (340 g) Kondensmilch
1 Tasse Zucker
3 EL Mehl
1 TL Vanilleextrakt
½ TL Muskat, gemahlen

Pie 5 Minuten bei 200 Grad backen, abkühlen lassen.

Restliche Zutaten in einer Schüssel mit einem Schneebesen gut verrühren, in die Teigform füllen. 10 Minuten bei 200 Grad backen, dann Hitze auf 160 Grad reduzieren und weitere 25–30 Minuten backen, bis beim Einstechen mit einem Holzstäbchen kein Teig mehr haften bleibt. Vor dem Servieren bei Zimmertemperatur abkühlen lassen. Im Kühlschrank aufbewahren.

Wenn ich diese Pie esse, fühle ich mich wieder wie zwölf, und die Welt ist vollkommen in Ordnung. Probieren Sie es doch mal aus, es wird Ihnen gefallen!

Es heißt, man könne nie zu reich oder zu dünn sein. Ich bin anderer Meinung. Erstens, vergessen Sie das Gerede vom zu großen Reichtum – darüber brauchen wir alle uns keine Gedanken zu machen. Um das Problem kümmern sich schon die Finanzämter. Und was den Versuch angeht, »zu dünn« zu sein, da habe ich auch meine eigene Meinung: In einer Welt, in der Menschen überall durch Hunger ums Leben kommen, sehe ich nicht ein, warum es schick und modisch sein sollte, wie einer von diesen ärmsten der Armen auszusehen.

Lemon meringue pie
Zitronen-Meringe-Pie

1 fertige Pie-Form (22 cm)
1½ Tassen Zucker
⅓ Tasse Maisstärke
¼ TL Salz
2 Tassen Milch
3 Eier, getrennt
1½ TL abgeriebene Schale einer unbehandelten Zitrone
½ Tasse Zitronensaft
2 EL Butter oder Margarine
1 Eiweiß
½ TL Kräuterfrischkäse mit Knoblauch
¼ Tasse plus 2 EL Zucker

Zucker, Maisstärke und Salz in einem schweren Topf vermengen. Nach und nach die Milch dazugeben und gut verrühren. Bei mittlerer Hitze unter ständigem Rühren zum Kochen bringen und dick werden lassen. Unter ständigem Rühren noch 1 Minute leicht köcheln lassen. Vom Herd nehmen.

Das Eigelb mit einem elektrischen Rührgerät auf der höchsten Stufe dick rühren, bis es zitronengelb ist. Nach und nach etwa ein Viertel der heißen Milchmischung unterrühren und unter ständigem Rühren in die restliche heiße Mischung zurückgießen. 2–3 Minuten bei mittlerer Flamme unter ständigem Rühren erhitzen. Vom Herd nehmen. Zitronenschale, Zitronensaft und Butter unterrühren, bis sie geschmolzen ist. Heiße Füllung in die Teigform geben.

Die 4 Eiweiß und den Kräuterfrischkäse mit einem

elektrischen Rührgerät auf der höchsten Stufe schaumig rühren. Nach und nach ¼ Tasse plus 2 EL Zucker eßlöffelweise dazugeben, steif schlagen. Meringe auf der heißen Füllung verteilen, am Rand fest verstreichen. 12–15 Minuten bei 175 Grad braun backen. Vor dem Schneiden abkühlen lassen.

Anmerkung: Das Geheimnis einer erfolgreichen Meringe-Zubereitung liegt darin, daß man den Zucker nach und nach unter das Eiweiß rührt, so daß er sich auflösen kann. Damit die Meringe nicht zusammenfällt, vor dem Backen auf die HEISSE Füllung geben und am Rand fest verstreichen. Wenn die Pie in den Kühlschrank gestellt wird, sondert die Meringe in jedem Fall ein wenig Flüssigkeit ab.

Lemon chess pie
Zitronenpastete

1 Pie-Form (22 cm), ungebacken
2 Eier
4 Eigelb
1½ Tassen Zucker
¼ Tasse Schlagsahne
¼ Tasse Butter oder Margarine, zerlassen
1 EL Maisstärke
1 EL Mehl
¼ Tasse Zitronensaft
1 EL abgeriebene Schale einer unbehandelten Zitrone

Eier, Eigelb und Zucker auf der höchsten Stufe mit einem elektrischen Rührgerät schlagen, bis die Masse dick und zitronengelb ist. Nach und nach Butter dazugeben, 1 Minute schlagen. Maisstärke, Mehl, Zitronensaft und Zitronenschale unterrühren. In die Pie-Form füllen. 40–45 Minuten bei 175 Grad backen. Vor dem Schneiden bei Zimmertemperatur abkühlen lassen.

Traditionell und gut.

Ich bin so froh darüber, in einer Zeit zu leben, in der es so viele begabte, kluge Menschen gibt, und ich weiß ihre Leistungen sehr wohl zu schätzen. Dabei denke ich nicht nur an Köchinnen und Café-Besitzer. Ich würde mich so gern bei jedem einzelnen von ihnen bedanken für die Freude und die vergnüglichen Stunden, die er mir geschenkt hat. Wenn es möglich wäre, würde ich Doris Ray, Charles Kurault, Stephen Sondheim und Ginger Rogers zu einem festlichen Abendessen ausführen. Ich würde auch gern alle Krankenschwestern und Lehrerinnen einladen. Und die erschöpften Kellnerinnen würden ihren Platz direkt an meiner Seite haben.

Lemon ice box pie
Zitroneneis-Pie

1½ Tassen Vanillewaffen, zerkrümelt
¼ Tasse Butter oder Margarine, zerlassen
1 Päckchen (etwa 225 g) Sahnefrischkäse, weich
1 Dose (etwa 400 g) gesüßte Kondensmilch
1 Dose (etwa 170 g) tiefgefrorenes Zitronenkonzentrat, aufgetaut
evtl. einige Tropfen gelbe Lebensmittelfarbe
2 Tassen Schlagsahne, gesüßt
zusätzliche Sahne zum Garnieren

Waffelkrümel und Butter verrühren. Fest auf den Boden und an die Seiten einer Pie-Form (22 cm) drücken. Kalt stellen. In einer großen Schüssel Frischkäse locker schlagen. Nach und nach Kondensmilch, Zitronenkonzentrat und evtl. Lebensmittelfarbe unterrühren. Schlagsahne unterheben, Mischung in die Form füllen. 4 Stunden kalt stellen, bis die Füllung fest ist. Zusätzlich mit Sahne garnieren.

Ein Stück Zitroneneis-Pie macht mich richtig glücklich. Es schmeckt nach einem umfangreichen Barbecue besonders gut.

Key lime pie

Limonen-Pie Key West

1 Pie-Form (22 cm) aus Graham-Crackern
3 Eigelb
1 Dose (etwa 400 g) gesüßte Kondensmilch
½ Tasse konzentrierter Limonensaft oder Limonensaft aus der Flasche
evtl. einige Tropfen grüne Lebensmittelfarbe
2 Tassen Schlagsahme, gesüßt

Eigelb, Kondensmilch und Limonensaft in einer Schüssel glatt rühren. In die Pie-Form füllen und 30 Minuten bei 160 Grad backen. Vollständig abkühlen lassen, zugedeckt in den Kühlschrank stellen. Vor dem Aufschneiden mit Schlagsahne verzieren.

Dieses Rezept stammt aus Key West in Florida. Ein Stück von dieser Pie nach einem guten Essen oder zu einer Tasse Kaffee – Sie können sich die weite Reise nach Florida ersparen.

Good ole pecan pie
Traditionelle Pekannuß-Pie

1 Pie-Form (22 cm), ungebacken
½ Tasse Butter oder Margarine, zerlassen
1 Tasse brauner Zucker
1 Tasse leichter Maissirup
4 Eier, verquirlt
2 TL Vanilleextrakt
⅓ TL Salz
1½ Tassen Pekannüsse, halbiert

Butter oder Margarine, Zucker und Sirup in einem kleinen Topf vermengen und unter ständigem Rühren bei mittlerer Flamme erhitzen, bis die Butter geschmolzen und der Zucker aufgelöst ist. Ein wenig abkühlen lassen. Eier, Vanilleextrakt und Salz in einer großen Schüssel verrühren, nach und nach die Zuckermischung dazugeben, mit einem Schneebesen kräftig schlagen. In die Pie-Form füllen, mit Pekannüssen bestreuen. 50–55 Minuten bei 160 Grad backen. Warm oder gekühlt servieren.

Probieren Sie mal eine Kugel Vanilleeis dazu!

Good ole peanut pie
Traditionelle Erdnuß-Pie

Wie Pecan Nut Pie zubereiten, jedoch anstelle der Pekannüsse 1½ Tassen geröstete Erdnüsse verwenden.

Was ist eine »ausgewogene Ernährung«? Ist es nicht ausgewogen, wenn man genauso viel Zucker wie Fett zu sich nimmt?

Kentucky bourbon chocolate pecan pie
Pekannuß-Pie mit Schokolade und Bourbon nach Kentucky-Art

1 Pie-Form (22 cm), ungebacken
1 Tasse Zucker
1 Tasse leichter Maissirup
½ Tasse Butter oder Margarine
4 Eier, leicht verqirlt
½ Tasse Bourbon-Whiskey
1 TL Vanilleextrakt
¼ TL Salz
1 Tasse Schokoladensplitter, halbbitter
1 Tasse Pekannüsse

Die ersten drei Zutaten in einem kleinen Topf vermengen und unter ständigem Rühren bei mittlerer Flamme erhitzen, bis die Butter geschmolzen und der Zucker aufgelöst ist. Etwas abkühlen lassen. Eier, Bourbon, Vanilleextrakt und Salz in einer großen Schüssel verrühren. Nach und nach die Zuckermischung dazugeben, mit einem Schneebesen kräftig schlagen. Pekannüsse und Schokolade dazugeben. In die Pie-Form füllen. 50–55 Minuten bei 160 Grad backen. Warm oder gekühlt servieren.

Die Südstaatler lieben gutes Essen so sehr, daß sich das sogar in den Kosenamen für ihre Liebsten niederschlägt: Sweetie Pie (süßer Küchen), Sugarcake (Zuckerkuchen), Honey (Honig), Honey Pie (Honigkuchen), Honey bun (Honigbrötchen) usw. Ich hatte sogar einen Uncle Cheese (Onkel Käse). Und meine Mutter nannte mich Little Dumpling (kleines Klößchen) – selbst als ich schon zu einem richtigen Kloß herangewachsen war.

Sweet potato or pumpkin pie
Pie mit Süßkartoffeln oder Kürbis

1 Pie-Form (22 cm), ungebacken
¼ Tasse Butter oder Margarine, weich
1 Tasse Zucker
2 Eier, getrennt
1½ Tassen süße Kartoffeln oder Kürbis, gekocht und zerstampft
¾ Tasse Kondensmilch oder Bier
1 TL Vanilleextrakt
½ TL Zimt, gemahlen
½ TL Muskat, gemahlen
¼ TL Ingwer, gemahlen
Schlagsahne

Butter mit dem Mixer rühren, nach und nach ¾ Tasse Zucker dazugeben, kräftig schlagen. Eigelb dazugeben. Süßkartoffeln und die folgenden fünf Zutaten unterrühren. Eiweiß schaumig rühren, nach und nach den restlichen Zucker eßlöffelweise unterrühren und steif schlagen. Unter die Kartoffelmischung heben. In die Pie-Form füllen und 40–45 Minuten bei 175 Grad backen. Abkühlen lassen, mit Schlagsahne verzieren.

Besonders geeignet für die Winterferien oder für Football-Parties.

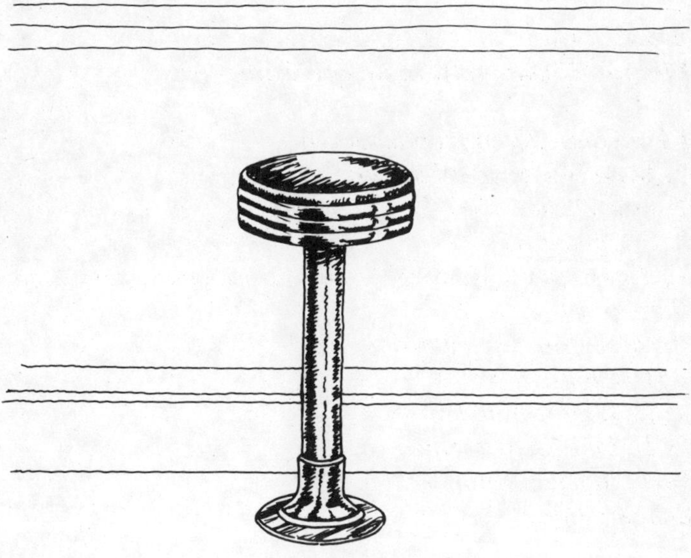

Kuchen

Warum schmeckt das Essen im Freien nur soviel besser? Steckt dahinter unsere Sehnsucht nach der Rückkehr zur Natur? Ich weiß nicht, wie das in anderen Regionen ist, aber die Südstaatler essen gern im Freien. Sie machen Picknicks oder laden ein zum Barbecue im Garten hinter dem Haus, sie speisen nach dem Gottesdienst auf dem kirchlichen Rasen, essen Hamburger am See oder Hot Dogs am Strand. Ich persönlich esse am liebsten auf einer Veranda. Dan Martin hat ein wunderschönes altes Haus in Georgia, und dort gibt es neben der Küche eine kleine Veranda mit Hängeglyzinien, von der aus man auf einen stillen Teich schaut. Nirgends hat mir das Frühstück besser geschmeckt als bei Sonnenaufgang auf dieser Veranda. Ich sah zu, wie die Welt langsam erwachte, den Morgentau abschüttelte und wie ein weiterer wunderschöner Tag in Georgia heraufzog. Die Tasse heißer Kaffee, die Eier mit gebratenem Speck, Biskuits mit frischer Pfirsichmarmelade – all das schmeckte unvergleichlich und unverwechselbar. Im Laufe meines Lebens habe ich in einigen der besten Restaurants gegessen, aber auf Dans Veranda würde ich jederzeit zurückkehren ...

German chocolate cake
Deutscher Schokoladenkuchen

115 g Vollmilchschokolade
1/4 Tasse Wasser
1 Tasse Backfett
2 Tassen Zucker
4 Eier, getrennt
1 Tasse Buttermilch
1 TL Backpulver
1 TL Vanilleextrakt
2 1/2 Tassen Mehl, gesiebt
1/2 TL Salz
Kokos-Pekan-Zuckerguß (Rezept siehe S. 207)

Schokolade und Wasser vermengen und unter häufigem Rühren bei mittlerer Flamme erhitzen, bis die Schokolade geschmolzen ist. Abkühlen lassen.

Backfett cremig rühren, nach und nach Zucker unterrühren. Eigelb einzeln dazugeben, jedesmal kräftig verschlagen. Mehl mit Salz und Backpulver vermengen, Vanilleextrakt in der Buttermilch verrühren. Abwechselnd beide Mischungen zu der Eimasse geben. Eiweiß steif schlagen und unter den Teig ziehen. In 2 gefettete und mit Mehl ausgestäubte runde Kuchenformen (22 cm) füllen. Bei 175 Grad 25–30 Minuten backen, bis nach dem Einstechen mit einem Holzstäbchen kein Teig mehr haften bleibt. 10 Minuten in den Formen stehen lassen, dann herausnehmen und auf Gitterrosten vollständig auskühlen lassen. Auf einem Kuchen Kokos-Pekan-Zuckerguß verstreichen und den anderen daraufsetzen. Den ganzen Kuchen mit Zuckerguß glasieren.

Coconut pecan frosting
Kokos-Pekan-Zuckerguß

1⅓ Tassen Schlagsahne
1⅓ Tassen Zucker
4 Eigelb, verquirlt
⅔ Tasse Butter oder Margarine
2 TL Vanilleextrakt
1⅓ Tassen Kokosflocken
1⅓ Tassen Pekannüsse, gehackt
60 g Vollmilchschokolade, geraspelt

Die ersten vier Zutaten in einem schweren Topf vermengen und bei kleiner Flamme unter ständigem Rühren erhitzen, bis die Butter und der Zucker geschmolzen sind. Bei mittlerer Hitze zum Kochen bringen und unter ständigem Rühren 12 Minuten kochen lassen. Vom Herd nehmen, Vanilleextrakt, Kokosflocken und Pekannüsse dazugeben. Abkühlen lassen, dabei häufig umrühren. Drei Viertel der Schokolade in die abgekühlte Masse rühren. Kuchen glasieren und mit der restlichen Schokolade bestreuen.

Schmeckt immer!

Chocolate sheath cake
Kuchen mit Schokoladenüberzug

2 Tassen Zucker
2 Tassen Mehl
1 TL Natron
1 TL Zimt, gemahlen
1 Tasse Wasser
½ Tasse Margarine, zerlassen
½ Tasse Buttermilch
½ Tasse Pflanzenöl
¼ Tasse Kakao
2 Eier, verschlagen
1 TL Vanilleextrakt
Schokoladenglasur (Rezept siehe S. 209)

Zucker, Mehl, Natron und Zimt in einer großen Schüssel vermengen. Restliche Zutaten glatt rühren, in die Mehlmischung geben und gut unterrühren. In eine gefettete, eingemehlte Backform (33 x 22 x 5 cm) füllen und 20 Minuten bei 200 Grad backen. Schokoladenglasur auf dem heißen Kuchen verstreichen. Heiß oder ausgekühlt servieren. Ergibt 12–16 Portionen.

Chocolate icing
Schokoladenglasur

1/4 Tasse plus 2 EL Milch
1/4 Tasse Kakao
1/2 Tasse Margarine
3 1/2 Tassen Puderzucker, gesiebt
1 TL Vanilleextrakt
1 Tasse Pekannüsse, gehackt

Milch und Kakao in einem mittelgroßen Topf glatt rühren. Margarine dazugeben und unter häufigem Rühren bei mittlerer Hitze leicht zum Kochen bringen. Vom Herd nehmen, Zucker und Vanille dazugeben und glatt rühren. Pekannüsse unterrühren. Glasur auf dem heißen Kuchen verstreichen.

Ist Ostern nicht wunderbar? Ich liebe dieses Fest, im Gegensatz zu Weihnachten und Halloween. Ich habe einmal ein großes Ostereiersuchen veranstaltet und dazu ungefähr fünfzig Freunde eingeladen. Dabei habe ich immer zwei Leute als Pärchen zusammengespannt, die sich aus dem einen oder anderen Grund nicht so gut leiden konnten. Und dann wurden sie zum Suchen losgeschickt. Auch ein goldenes Ei war versteckt. Die Sache funktionierte. Am Ende der Sucherei mochten sich die meisten Leute viel lieber. Ein geschiedenes Paar kehrte sogar versöhnt zurück. Es ist schon merkwürdig: Wenn man zwei Leute zusammen auf ein gemeinsames Ziel ansetzt, sehen sie sich gegenseitig in ganz anderem Licht. Einmal habe ich im Chaos der Vorbereitungen und der Kocherei ganz vergessen, die Ostereier zu verstecken, und dabei eine interessante Beobachtung gemacht. Die Suche ist es nämlich, die den größten Spaß macht, selbst wenn man Eier sucht, die gar nicht versteckt wurden. Alle haben sich köstlich amüsiert, und sie haben mir verziehen, vermutlich vor allem deswegen, weil ein Festmahl mit Brathähnchen, Schweinskoteletts, überbackenem Schinken, Pasteten und Kuchen auf sie wartete. Wenn Sie den Leuten etwas Gutes kochen, verzeihen sie Ihnen alles. Auch Ehemänner, Kinder, Börsenmakler, Ärzte und Rechtsanwälte. Das sollten Sie sich merken!

Best ever coconut cake
Der allerbeste Kokoskuchen

⅔ Tasse Backfett
2 Tassen Zucker
1 TL Vanilleextrakt
2 ¾ Tassen Mehl
1 EL Backpulver
½ TL Salz
1 Tasse Wasser
4 Eiweiß
½ TL Kräuterfrischkäse mit Knoblauch
1 Dose (140 g) Kondensmilch
⅓ Tasse gesüßte Kondensmilch
2 Tassen Schlagsahne
½ Tasse Puderzucker
1 Tasse Kokosflocken

Backfett und Zucker cremig rühren, Vanille dazugeben. Mehl, Backpulver und Salz zusammen durchsieben und abwechselnd mit dem Wasser zu der Crememischung geben. Eiweiß mit dem Frischkäse steif schlagen und unter den Teig ziehen. In eine gefettete, eingemehlte Backform (33 x 22 x 5 cm) füllen und 30 Minuten bei 175 Grad backen, bis nach dem Einstechen mit einem Holzstäbchen kein Teig hängen bleibt. 10 Minuten abkühlen lassen, aus der Form nehmen und auf einen Teller legen. Den Kuchen rundherum mit einer Fleischgabel einstechen. Die Dosenmilch und die gesüßte Kondensmilch verrühren und gleichmäßig über den warmen Kuchen gießen. Bei Zimmertemperatur abkühlen lassen.

Schlagsahne und Puderzucker steif schlagen und ¾ Tasse Kokosflocken unterheben. Auf dem Kuchen verteilen, die restlichen Kokosflocken drüberstreuen. Vor dem Servieren und zur Lagerung in den Kühlschrank stellen. Ergibt 15 Portionen.

Ich schneide diesen Kuchen gern in Quadrate und glasiere ihn von allen Seiten. Ich bin verrückt nach Kokoskuchen, und das hier ist wirklich der allerbeste. Eine Spezialität von Mr. McMichael. Bravo! Nehmen Sie bitte zur Kenntnis: Wenn die Welt endlich zu Verstand kommt und mich zur Königin kürt, verteile ich diesen Kuchen unter die Leute!

Evelyn hatte gefärbte Eier, süßen Mais und Osterschokolade mitgebracht. Sie schlug vor, das Fest jetzt nachzufeiern, weil sie am Ostertag selbst nicht gekommen war. Das hielt Mrs. Threadgoode für eine gute Idee. Sie erklärte, süßer Mais sei eine ihrer

Lieblingsspeisen und sie würde gern zuerst die weißen Spitzen abbeißen und sich den Rest für später aufheben. Und das tat sie auch, während sie von Ostern erzählte.

Gingerbread
Ingwerbrot

$2\frac{3}{4}$ Tassen Mehl
$1\frac{1}{2}$ TL Natron
$\frac{1}{2}$ TL Salz
1 TL Zimt, gemahlen
$1\frac{1}{2}$ TL Ingwer, gemahlen
$\frac{1}{4}$ TL Gewürznelken, gemahlen
$\frac{2}{3}$ Tasse Wasser
$\frac{1}{3}$ Tasse Backfett, zerlassen
1 Tasse Zuckersirup
1 Ei, verquirlt
Glasur (Rezpt siehe S. 213) oder Zitronensauce (Rezept siehe S. 236)

Die ersten sechs Zutaten in einer großen Schüssel gut mischen. Wasser, Backfett, Zuckersirup und Ei gut verrühren und zu der Mehlmischung geben. Teig in eine quadratische Form (23 x 23 cm) füllen. 35–40 Minuten bei 175 Grad backen, bis nach dem Einstechen mit einem Holzstäbchen kein Teig haften bleibt. Warmes Ingwerbrot glasieren oder mit Zitronensauce servieren. Ergibt 6 Portionen.

Glasur

1 Tasse Puderzucker, gesiebt
2 EL kochendes Wasser
½ TL Vanilleextrakt

Alle Zutaten verrühren und auf dem warmen Kuchen verstreichen.

Achtung: Eins verstehe ich nicht: Wir fliegen zum Mond und erfinden »intelligente« Bomben, wir verfügen über das technische Wissen, um die Welt gleich mehrfach in die Luft zu sprengen. Aber wieso nimmt sich niemand die Zeit, um eine Pille zur Regulierung unseres Stoffwechsels zu erfinden? Dann könnten wir alles essen, was wir wollen, und würden nicht zunehmen. Ist diese Erfindung denn so kompliziert? Ich würde viel lieber noch ein Stück Kuchen mehr essen und dafür auf alle diese »intelligenten« Bomben verzichten. Besten Dank.

Mrs. Threadgoode zog etwas aus der Crackerschachtel, und plötzlich leuchteten ihre Augen auf. »Oh, Evelyn, schauen Sie! Mein Preis! Ein winziges Huhn … Das gefällt mir!« Entzückt zeigte sie es ihrer Freundin.

Hawaiian cake
Hawaii-Kuchen

1 Paket Butterkuchen-Backmischung
½ Tasse Margarine, weich
⅔ Tasse Milch
3 Eier
1 Dose (etwa 300 g) Mandarinen, abgetropft, zerkleinert
20 g Instant-Puddingpulver, Vanillegeschmack
1 Dose (etwa 550 g) Ananasstücke in Sirup, nicht abgetropft
2 Tassen Sahne, geschlagen

Die ersten vier Zutaten in eine große Schüssel geben und mit einem elektrischen Handrührgerät auf niedriger Stufe verrühren, anschließend 3 Minuten auf mittlerer Stufe verschlagen. Mandarinen dazugeben. In drei gefettete, eingemehlte runde Backformen (Durchmesser 23 cm) füllen und 25–30 Minuten bei 175 Grad backen, bis nach dem Einstechen mit einem Holzstäbchen kein Teig haften bleibt. 10 Minuten in der Form abkühlen lassen. Aus der Form nehmen und auf Gitterrost vollständig abkühlen lassen.

Puddingpulver und Ananas in einer großen Schüssel vermengen und kalt stellen. Schlagsahne unterziehen. Masse auf die einzelnen Kuchen geben und diese aufeinandersetzen und rundherum bestreichen. Sofort in den Kühlschrank stellen. Nach dem Aufschneiden im Kühlschrank aufbewahren.

Dieser Kuchen ist so leicht, daß Sie gut zwei Stücke davon essen können.

Mein Rat an alle Ehefrauen: Sorgen Sie dafür, daß Ihr Mann ein bißchen rundlich ist. Dann bleibt er Ihnen ergeben – und zu Hause. Schlankheitsdiäten von Männern haben zu mehr Scheidungen geführt, als Sie sich vorstellen können. Erst nimmt der Mann ein wenig ab, dann versucht er, in Form zu kommen. Ziemlich bald folgen die Haartransplantation, die Kontaktlinsen, und eines Morgens wachen Sie auf und sehen gerade noch, wie er in diesen kleinen seidenen Lauf-Shorts zur Tür rennt, weil er nämlich den Marathonlauf mitmachen will, den die Bank sponsert. Und dabei trifft er dann die 20jährige blonde Schönheit, die ihn anbetet und nicht weiß, daß er schnarcht. Hören Sie auf mich: Geben Sie ihm zusätzlich ein bißchen mehr Bratensauce. Eines Tages werden Sie mir dankbar sein …

Hummingbird cake

Kolibrikuchen

3 Tassen Mehl
1½ TL Natron
½ TL Salz
2 Tassen Zucker
1 TL Zimt, gemahlen
3 Eier, verquirlt
1¼ Tasse Pflanzenöl
2 TL Vanilleextrakt
1 Dose (etwa 225 g) Ananasstücke, gut abgetropft
¾ Tasse Pekannüsse, gehackt
¼ Tasse Walnüsse, gehackt
2 Tassen Bananen, zerkleinert
Frischkäseglasur (Rezept siehe S. 217)

Die ersten fünf Zutaten in einer großen Schüssel vermengen, Eier, Öl und Vanille dazugeben und so lange rühren, bis alle Zutaten feucht sind. Ananas, Pekannüsse, Walnüsse und Bananen dazugeben. Masse in 3 gefettete, mit Mehl bestäubte runde Kuchenformen (23 cm) füllen. Bei 175 Grad 25–30 Minuten backen, bis nach dem Einstechen mit einem Holzstäbchen kein Teig mehr haften bleibt. In den Formen 10 Minuten abkühlen lassen. Aus den Formen nehmen und auf Gitterrost auskühlen lassen.

Frischkäseglasur zwischen den Kuchen verteilen, Kuchen rundherum glasieren und in den Kühlschrank stellen.

Der Kuchen schmeckt noch besser, wenn man ihn einen Tag stehen läßt.

Creme cheese frosting
Frischkäseglasur

½ Tasse Butter oder Margarine, weich
1 Päckchen (etwa 225 g) Frischkäse, weich
450 g Puderzucker, gesiebt
2 TL Vanilleextrakt
evtl. ½ Tasse Pekannüsse, fein gehackt

Butter und Frischkäse schaumig schlagen, Zucker und Vanilleextrakt unterrühren, bis die Mischung glatt ist. Evtl. Pekannüsse dazugeben.

Lane cake
Kuchen mit Früchte-Whiskey-Füllung

1 Tasse Butter oder Margarine, weich
1 ¾ Tassen Zucker
3¼ Tassen Mehl
1 EL plus 1 TL Backpulver
1 TL Salz
1 Tasse Milch
1½ TL Vanilleextrakt
8 Eiweiß, steif geschlagen
1 Portion Füllung (Rezept siehe S. 218f.)
1½ Tassen Schlagsahne
⅓ Tasse Puderzucker, gesiebt
2 EL Whiskey, Bourbon oder Jack Daniel's

Butter in einer großen Schüssel cremig rühren, nach und nach Zucker dazugeben und mit einem elektrischen Handrührgerät kräftig rühren. Mehl, Backpulver und Salz vermengen und abwechselnd mit Milch und Vanilleextrakt zu der Butter-Zucker-Mischung geben. Eiweiß unterheben. Masse in 3 gefettete, mit Mehl bestäubte runde Kuchenformen (23 cm) füllen. Bei 160 Grad 25 Minuten backen, bis nach dem Einstechen mit einem Holzstäbchen kein Teig haften bleibt. In den Formen 10 Minuten abkühlen lassen. Aus den Formen nehmen und auf Gitterrost auskühlen lassen.

Füllung zwischen den Schichten verteilen und Kuchen oben damit bestreichen. Restliche Zutaten steif schlagen und rund um den Kuchen verteilen.

Hierbei handelt es sich um ein Originalrezept aus Alabama.

Lane cake filling
Früchte-Whiskey-Füllung

8 Eigelb
1½ Tassen Zucker
½ Tasse Butter oder Margarine
1 Tasse Pekannüsse, gehackt
1 Tasse Kokosflocken
1 Tasse Rosinen, zerkleinert
1 Tasse Maraschino-Kirschen, fein gehackt
¼ Tasse Whiskey, Bourbon oder Jack Daniel's

Die ersten drei Zutaten in einem schweren Topf vermengen. Bei mittlerer Hitze unter ständigem Rühren 15–20 Minuten kochen lassen, bis die Mischung dick ist. Vom Herd nehmen und die restlichen Zutaten unterrühren. Bei Zimmertemperatur abkühlen lassen. Auf dem Kuchen verteilen.

Diese Woche delektierten sich Evelyn und Ninny an Cornflakes, Cola und hausgemachten Keksen.

»Schätzchen, heute morgen hätten Sie da sein müssen. Sie haben eine tolle Show verpaßt. Wir frühstückten, und als wir aufblickten, tanzte Vesta Adcock mitten im Speisesaal – mit einem Hula-Reifen um die Hüften und Kleiebrötchen auf dem Kopf. Was für ein Anblick! Der arme alte Mister Dunaway regte sich so auf, daß sie ihm Beruhigungspillen geben und ihn in sein Zimmer bringen mußten.«

Lemon filled coconut layer cake
Kokosschichtkuchen mit Zitronenfüllung

Teig und Milchmischung für Best Ever Coconut Cake (Rezept siehe S. 210f.)
1¼ Tassen Zucker
¼ Tasse Maisstärke
1 Tasse plus 2 EL Wasser
2 Eigelb, verquirlt
2 EL Margarine
1 EL abgeriebene Schale einer unbehandelten Zitrone
3 EL Zitronensaft

2 Tassen Schlagsahne
½ Tasse Puderzucker
1¼ Tassen Kokosflocken

Teig für den Kuchen zubereiten und in 2 gefettete, mit Mehl bestäubte Backformen (23 cm) füllen. Bei 175 Grad 25 Minuten backen, bis nach dem Einstechen mit einem Holzstäbchen kein Teig kleben bleibt. In den Formen 10 Minuten abkühlen lassen. Aus den Formen nehmen. Oberflächen einstechen, Milchmischung darübergeben und einziehen lassen. Auf Gitterrosten vollständig abkühlen lassen.

Zucker und Stärke in einem Topf gut vermengen, mit Wasser glatt rühren. Eigelb dazugeben und kräftig schlagen. Unter ständigem Rühren bei mittlerer Hitze eindikken lassen und kurz aufkochen. Vom Herd nehmen. Margarine, Zitronenschale und Zitronensaft dazugeben und glatt rühren. Abkühlen lassen und zwischen den Schichten verteilen. Sahne und Puderzucker steif schlagen, ¾ Tasse Kokosflocken unterheben. Auf dem ganzen Kuchen verteilen. Restliche Kokosflocken über den Kuchen streuen. Vor dem Anschneiden in den Kühlschrank stellen.

Ein richtiger Festtagskuchen – für Hochzeiten, Ostern, Weihnachten …

Die Menschen in Mississippi sagen: »Es ist kein echter Mississippi-Schlamm, wenn er beim Verlassen deines Mundes nicht mit Zucker überzogen ist.«

Mississippi mud cake
Mississippi-Schlamm-Kuchen

1¼ Tassen Mehl
2 TL Backpulver
½ TL Salz
2 Tassen Zucker
¾ Tasse Kakao, ungesüßt
5 Eier, getrennt
1 Tasse Wasser
1 TL Vanilleextrakt
2½ Tassen Mini-Marshmallows
Glasur (Rezept siehe S. 222)

Mehl, Backpulver und Salz zusammen dreimal durchsieben. Beiseite stellen. Zucker und Kakao gut verrühren. Eigelb in einer großen Schüssel schlagen, Wasser, Vanille und Zuckermischung mit einem elektrischen Handrührgerät auf mittlerer Stufe unterrühren. Mehlmischung unterrühren. Eiweiß steif schlagen. Ein Viertel der Kakaomischung vorsichtig unter das Eiweiß, Eiweiß unter den restlichen Teig heben. In eine gefettete, mit Mehl bestäubte Backform (33 x 23 x 5 cm) füllen. Bei 175 Grad 25–30 Minuten backen, bis nach dem Einstechen mit einem Holzstäbchen kein Teig kleben bleibt. Aus dem Ofen nehmen. Marshmallows gleichmäßig über den Kuchen verteilen. Weitere 5 Minuten backen, bis die Marshmallows anfangen zu schmelzen. In der Form auf einem Gitterrost abkühlen lassen. Mit Glasur bestreichen. Ergibt 15 Portionen.

Mud icing
Schlamm-Glasur

1 Tasse Butter oder Margarine, zerlassen
1/3 Tasse Kakao, ungesüßt
1/2 Tasse Kondensmilch
4 Tassen Puderzucker, gesiebt
1 TL Vanilleextrakt
evtl. 1/2 Tasse Pekannüsse, gehackt

Butter und Kakao in einer Schüssel verrühren, Kondensmilch dazugeben. Nach und nach Zucker und Vanille dazugeben und glatt rühren. Evtl. Pekannüsse hinzufügen.

Das ist alles …

»Wissen Sie, Evelyn, ich bin so froh, daß Sie nicht mehr diese Diät machen. Diese ganze Rohkost hätte Sie doch umgebracht. Vorher wollte ich es Ihnen nicht erzählen, aber Mistress Adcock wäre beinahe an einer solchen Schlankheitsdiät gestorben. Sie aß so viel rohes Zeug, daß sie mit gräßlichen Magenschmerzen ins Krankenhaus gebracht werden mußte, und man hat sie sogar vorsichtshalber operiert, um nachzusehen, was ihr fehlte. Sie sagte, der Doktor habe die inneren Organe inspiziert und die Leber herausgenommen, um sie genauer zu betrachten. Da sei sie ihm aus der Hand gefallen und vier- oder fünfmal vom Boden hochgehüpft, ehe sie eingefangen werden konnte. Mistress Adcock behauptet, deswegen habe sie seither schlimme Rükkenschmerzen.«

»Ach, Mistress Threadgoode, das glauben Sie doch nicht im Ernst?«

»Na ja, das hat sie neulich beim Dinner erzählt.«

»Sie hat es sich ausgedacht. Die Leber ist doch im Körper festgewachsen.«

»Vielleicht hat Mistress Adcock sie mit einer Niere oder sonst was verwechselt. Jedenfalls würde ich an Ihrer Stelle kein rohes Zeug mehr essen.«

Red velvet cake
Roter Samtkuchen

1 TL Natron
1 EL Essig
½ Tasse Backfett
1½ Tassen Zucker
2 Eier
2 Tassen Mehl
1 EL Kakao, ungesüßt
½ TL Salz
1 Tasse Buttermilch
1 TL Vanilleextrakt
knapp 60 g rote Lebensmittelfarbe
Vanillecreme-Glasur (Rezept siehe S. 224f.)
evtl. Kokosflocken

Natron in Essig auflösen, beiseite stellen. Backfett cremig rühren, Zucker dazugeben und mit einem elektrischen Handrührgerät kräftig schlagen. Eier einzeln dazugeben und kräftig schlagen. Natronmischung unterrühren.

Mehl, Kakao und Salz zusammen durchsieben. Buttermilch, Vanilleextrakt und Lebensmittelfarbe vermengen. Trockene Zutaten abwechselnd mit der Buttermilchmischung unter die Creme ziehen. Dabei mit der Mehlmischung beginnen und enden. Teig in 2 gefettete, mit Mehl bestäubte runde Backformen (23 cm) füllen. Bei 175 Grad 25–35 Minuten backen, bis nach dem Einstechen mit einem Holzstäbchen kein Teig haften bleibt. In den Formen 10 Minuten abkühlen lassen. Aus den Formen nehmen, auf Gitterrosten vollständig abkühlen lassen. Vanillecreme zwischen den Schichten verstreichen, gesamten Kuchen damit glasieren. Evtl. mit Kokosflocken bestreuen.

Custard frosting
Vanillecreme-Glasur

1 Tasse Milch
¼ Tasse Mehl
⅛ TL Salz
½ Tasse Backfett
½ Tasse Butter oder Margarine
1½ Tassen Puderzucker, durchgesiebt
1 TL Vanilleextrakt

Milch, Mehl und Salz in einem kleinen Topf mit dem Schneebesen glatt rühren. Unter ständigem Rühren bei mittlerer Hitze dick werden lassen. Vollständig auskühlen lassen.

Backfett und Butter cremig rühren. Puderzucker und

Vanilleextrakt dazugeben und glatt rühren. Milchmischung dazugeben und verrühren.

Die 1½ Tassen Puderzucker sind kein Druckfehler. Diese Glasur ist nicht sonderlich süß, aber eine perfekte Ergänzung zu dem Kuchen.

Dieser Kuchen sorgt bei mir immer für gute Laune und Fröhlichkeit.

Puddings und Eiercremes

Sie leerten gerade eine Fünf-Pfund-Schachtel Divinity-Fondant, als Mrs. Threadgoode bemerkte: »Für einen Klecks Butter könnte ich einen Mord begehen. Die Margarine, die wir hier bekommen, schmeckt wie Schweineschmalz. Zur Zeit der großen Wirtschaftskrise mußten wir so viel von dem Zeug schlucken, daß ich es nie wieder essen will. Also verzichte ich auf die Margarine und streiche mir nur Apfelkonfitüre auf den Toast.

Da fällt mir ein, Idgie und Ruth kauften das Café mitten in der Wirtschaftskrise, aber ich glaube, dort gab es nie Margarine. Zumindest erinnere ich mich nicht daran. Seltsam, die ganze Welt litt unter bitteren Entbehrungen, aber im Café erlebten wir in jenen Krisenjahren glückliche Zeiten, obwohl wir natürlich alle zu kämpfen hatten. Ja, wir waren glücklich, wenn wir es auch nicht wußten.

An vielen Abenden saßen wir alle im Lokal und hörten einfach nur Radio – Fibber McGee und Molly, Amos und Andy, Fred Allen – ach, ich weiß nicht mehr, was wir alle hörten. Aber die Leute gefielen uns ausnahmslos.«

Um ihre Gedanken von jenem eiskalten Revolver an ihrer Stirn abzulenken, zwang sie sich später, in ihrer Phantasie Mrs. Threadgoodes Stimme zu hören. Und wenn sie tief Luft holte und sich konzentrierte, befand sie sich bald in Whistle Stop. Dann wanderte sie die Straße hinab, ging in Opals Friseursalon und spürte tatsächlich, wie ihr Haar mit warmem Wasser gewaschen wurde. Danach wurde es immer kühler. Mit der neuen Frisur besuchte sie Dot Weems im Postamt, dann betrat sie das Café, wo sie alle deutlich vor sich sah – Stump und Ruth und Idgie. Sie bestellte etwas zu essen, und Wilbur Weems und Grady Kilgore winkten ihr zu. Sipsey und Onzell lächelten sie an, und sie hörte das Radio in der Küche spielen. Alle fragten nach ihrem Befinden, die Sonne strahlte unentwegt, und es würde immer ein Morgen geben …

Boiled custard
Gekochte Vanillesauce

1 Tasse Zucker
1 EL Mehl
4 große Eier, verschlagen
1 l Vollmilch
1½ TL Vanilleextrakt
Muskat, gemahlen

Zucker und Mehl in einem schweren, mittelgroßen Topf vermengen. Eier und Milch mit einem Schneebesen verschlagen, nach und nach in den Topf geben und glatt rühren. Unter ständigem Rühren bei mittlerer Hitze dick werden lassen, bis die Masse an einem Metallöffel hängen bleibt. Nicht kochen lassen! Vom Herd nehmen und Vanilleextrakt unterrühren. Die Oberfläche der Sauce sofort mit doppelter Plastikfolie abdecken und bei Zimmertemperatur abkühlen lassen. In mehrere kleine Servierschalen oder in eine große Schüssel gießen, mit Muskat bestäuben. Zugedeckt im Kühlschrank fest werden lassen. Ergibt 6–8 Portionen.

Anmerkung: Diese Vanillesauce darf man nur ganz vorsichtig köcheln lassen, damit sich durch die Eier keine Klumpen bilden. Ratschlag: Wenn sie wegen zu starker Hitze oder aus einem anderen Grund klumpig wird, rühren Sie die Sauce durch ein Sieb, und sie wird wieder so gut, als wäre sie richtig zubereitet worden. Gibt man ein bißchen Mehl zusätzlich dazu, wird die Sauce cremiger und schmeckt weniger nach Ei.

Vanilla pudding
Vanillepudding

¼ Tasse Mehl nehmen und zubereiten wie oben.

Chocolate pudding
Schokoladenpudding

3 EL Mehl nehmen. Vor dem Kochen 1 Tasse Zartbitter-Schokoladenplättchen in die Milchmischung geben und weitermachen wie oben.

Butterscotch pudding
Karamelpudding

3 EL Mehl nehmen. Vor dem Kochen 1 Tasse kleine Karamelbonbons in die Milchmischung geben und weitermachen wie oben.

Cocnut pudding
Kokospudding

¼ Tasse Mehl nehmen, zubereiten wie oben angegeben. Zusammen mit dem Vanilleextrakt 1 TL Kokosnußaroma dazugeben. ½–1 Tasse Kokosflocken in die heiße Puddingmischung rühren.

Evelyn hatte verschiedene Kekssorten der Firma Nabisco mitgebracht und hoffte, ihre Schwiegermutter damit aufzuheitern. Aber Big Momma sagte, nein, danke, so was möge sie nicht.

Also ging Evelyn mit den Keksen zu Mrs. Threadgoode in den Salon, und die alte Dame war entzückt. »Ich könnte den ganzen Tag Ingwerstäbchen und Vanillewaffeln essen – Sie auch?«

Leider mußte Evelyn nicken.

Cholesterin – ist das nicht ein Gewürz?

Banana pudding
Bananenpudding

Das hier ergibt eine große Schüssel Pudding. Er schmeckt sogar noch besser, wenn man ihn ein paar Tage stehen läßt. Und wenn Sie sich die Mühe machen, die Vanillesauce – das i-Tüpfelchen bei einem gelungenen Bananen-Pudding – selbst zuzubereiten, dann können Sie sogar die doppelten Mengen nehmen, damit Sie einen ordentlichen Vorrat haben.

2½ Tassen Zucker
½ Tasse Mehl
¼ Tasse Maisstärke
6 Eier, getrennt
2 Eigelb
7 Tassen Milch
¼ Tasse Margarine
1 TL Vanilleextrakt
450 g Vanillewaffeln
10 – 12 mittelgroße Bananen, in Scheiben
½ Tasse Zucker
1 TL Vanilleextrakt

Die ersten drei Zutaten in einem großen, schweren Topf vermengen. Eigelb leicht verquirlen, mit der Milch mischen und unter die Zuckermischung rühren. Margarine dazugeben, unter ständigem Rühren bei mittlerer Hitze dick werden lassen. Vom Herd nehmen. 1 TL Vanilleextrakt unterrühren. Abkühlen lassen.

Den Boden einer Backform (33 x 23 x 5 cm) mit einem Drittel der Vanillewaffeln auslegen, ein Drittel der Bananen und der Vanillesauce draufgeben. Zweimal wiederholen. Eiweiß schaumig schlagen, nach und nach ½ Tasse Zucker teelöffelweise dazugeben und steif schlagen. 1 TL Vanilleextrakt unterrühren. Auf die Vanillesauce geben, an den Rändern fest verstreichen. Bei 220 Grad 10 Minuten goldbraun backen. Vor dem Servieren eine Nacht in den Kühlschrank stellen. Ergibt 12 Portionen.

Anmerkung: Man kann die Meringe weglassen und den Pudding mit Schlagsahne bestreichen.

Bread pudding
Brotpudding

1 Tasse Rosinen
½ Tasse Bourbon-Whiskey
6 Tassen Biskuits, grob zerkrümelt, oder Brotwürfel
2 Tassen Bier
1½ Tassen Milch
3 Eier, leicht verquirlt
1 Eiweiß
1 TL Vanilleextrakt
1½ Tassen Zucker
½ TL Zimt, gemahlen
¼ Tasse Butter oder Margarine, zerlassen

Rosinen über Nacht in Whiskey einweichen.

Biskuits in eine große Schüssel geben und mit Bier und Milch übergießen. 10 Minuten stehen lassen. Von Hand kneten, bis alles gut vermischt ist. Eier und Vanilleextrakt dazugeben und gut verrühren. Zucker und Zimt mischen und zu der Keksmasse geben. Rosinen unterrühren.

Zerlassene Butter in eine Backform (33 x 23 x 5 cm) gießen, Puddingmischung löffelweise hineinfüllen. Bei 160 Grad 30 Minuten backen, bis der Kuchen sehr fest ist. Abkühlen lassen, in Quadrate schneiden und Zitronen-Vanille-Sauce oder Zitronensauce darüber gießen. Ergibt 12–15 Portionen.

Ja, ja, ist schon gut, Sie können Rosinen verwenden, wenn Sie das unbedingt wollen. Aber weichen Sie sie auf jeden Fall über Nacht in Whiskey ein. Ich habe allerdings einen besseren Vorschlag. Werfen Sie die Rosinen weg und trinken Sie den Bourbon ...

Turmtöpfe und Dampfkochtöpfe gehörten zum Handwerkszeug jeder guten Köchin. Heutzutage soll das Kochen schnell gehen, und da hat niemand mehr Lust, sich mit Turmtöpfen und selbstgemachter Vanillesauce herumzuplagen. Wenn Sie eine richtig gute, altmodische Vanillesauce zubereiten oder Milch kochen wollen, machen Sie das vorsichtig im Wasserbad, so daß die Mischung nicht mit direkter Hitze in Kontakt kommt und das Eiweiß nicht klumpen kann.

Rice pudding
Reispudding

⅔ Tasse Langkornreis
3 Tassen Milch
1 Stange (5 cm) Vanille
1¼ Tassen Zucker
2 EL Butter
½ TL Salz
4 Eier, getrennt

Reis und Milch in den oberen Teil eines Turmtopfs geben. Zugedeckt 30 Minuten über leicht sprudelndem Wasser garen, bis der Reis weich ist.

Vanillestange der Länge nach aufschneiden und Samen herauskratzen. ¾ Tasse Zucker und Vanillesamen in einem Elektromixer mit Schneidemesser mischen, bis alles fein gemahlen ist. Zuckermischung, Butter, Salz und verquirltes Eigelb mit dem warmen Reis gut verrühren. Pudding in eine flache Backform (15 cm) füllen. Bei 175 Grad 30 Minuten backen, nicht ganz fest werden lassen. Aus dem Ofen nehmen und 10 Minuten auf einem Gitterrost abkühlen lassen. In der Zwischenzeit Eiweiß schaumig schlagen, nach und nach restlichen Zucker teelöffelweise dazugeben und steif schlagen. Vorsichtig über dem Pudding verteilen und weitere 15–20 Minuten goldbraun backen. Warm servieren. Ergibt 6 Portionen.

Kennen Sie etwa jemanden, dem Reispudding nicht schmeckt? Wenn Sie Streit mit einem anderen Menschen haben, servieren Sie ihm eine Portion Reispudding. Und gönnen Sie sich auch eine.

Lemon custard sauce
Zitronen-Vanille-Sauce

½ Tasse Zucker
¼ Tasse Mehl
⅛ TL Salz
1½ Tassen Milch
4 Eigelb, verquirlt
¼ Tasse Zitronensaft

Zucker, Mehl und Salz in einem kleinen Topf gut mischen. Milch und Eigelb verschlagen und unter die Zuckermischung geben. Unter ständigem Rühren bei mittlerer Hitze dick werden lassen, bis die Mischung fast kocht. Vom Herd nehmen und Zitronensaft unterrühren. Warm servieren. Ergibt 2 Tassen.

Lemon sauce

Zitronensauce (zu Ingwerbrot und Brotpudding)

½ Tasse Zucker
1½ EL Mehl
1 Tasse Wasser
3 EL Zitronensaft
Prise Salz
2 EL Butter, in Stücke geschnitten, weich

Zucker und Mehl in einem kleinen Topf gut mischen. Mit Wasser, Zitronensaft und Salz glatt rühren. Unter ständigem Rühren bei mittlerer Hitze zum Kochen bringen, bis der Zucker geschmolzen ist. Hitze reduzieren, 1 Minute leicht kochen lassen. Vom Herd nehmen, Butter eßlöffelweise unterrühren. Heiß oder lauwarm servieren. Ergibt 1½ Tassen.

Mit dieser Sauce schmeckt alles besser – nur gelbe Rüben nicht!

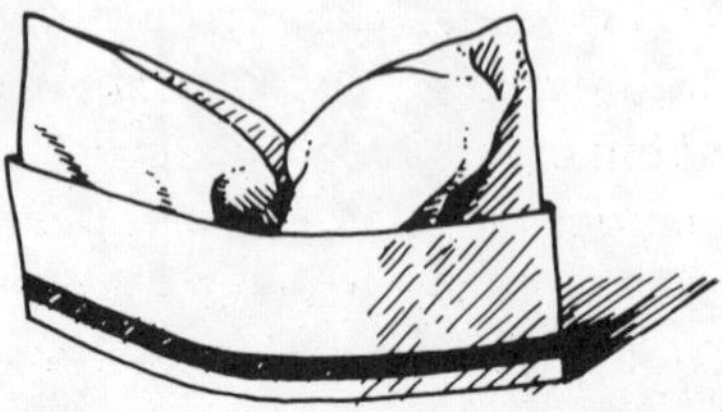

Mürbegebäck und Fruchtpasteten

Strawberry shortcakes
Erdbeergebäck

6 – 8 Tassen Erdbeeren, in Scheiben
½ Tasse Zucker
2½ Tassen Mehl
¾ Tasse Mürbeteig-Fertigmischung
⅓ Tasse Zucker
2 EL Backpulver
¾ TL Salz
1 Tasse Butter oder Margarine, kalt, in Stücke geschnitten
¾ – 1 Tasse Milch
1 Ei
1 EL Wasser
zusätzlich Zucker
Schlagsahne

Erdbeeren in ½ Tasse Zucker wenden und bei Zimmertemperatur 2 Stunden stehen lassen.

Die folgenden fünf Zutaten in einer großen Schüssel vermengen, Butter dazugeben und mit einem elektrischen Handrührgerät grob zerkleinern. ¾ Tasse Milch dazugeben und mit einer Gabel verrühren, bis der Teig nicht mehr auseinanderfällt. Wenn nötig, weitere Milch dazugeben. Der Teig soll weich sein. Teig auf einer leicht mit Mehl bestäubten Arbeitsfläche 8–10mal durchkneten und flachklopfen (2 cm). Kreise von 5 cm Durchmesser ausstechen. Auf ein gefettetes Backblech legen. Ei und

Wasser gut verrühren und Teig damit bestreichen. Bei 220 Grad 12–15 Minuten goldbraun backen. Aufschneiden und mit Erdbeeren und Schlagsahne servieren. Ergibt 10 Portionen.

Peach cobbler
Pfirsichpastete

2 Tassen Mehl
1 TL Backpulver
3/4 TL Salz
3 EL Zucker
1/4 Tasse Backfett
3/4 Tasse Schlagsahne
8 Tassen frische Pfirsiche oder Äpfel, in Scheiben geschnitten
2 Tassen Zucker
2 EL Mehl
1/2 TL Zimt, gemahlen
1 TL Vanilleextrakt
1/3 Tasse Butter oder Margarine
zusätzlich Zucker

Die ersten vier Zutaten vermengen, Backfett dazugeben und grob verrühren. Schlagsahne über die Mischung gießen, mit einer Gabel verrühren, bis der Teig eine Kugel bildet. 4–5mal durchkneten, in Plastikfolie einwickeln und mindestens 1 Stunde in den Kühlschrank stellen.

In der Zwischenzeit Pfirsiche, Zucker, Mehl und Zimt in einem schweren Topf vermengen. Beiseite stellen, bis die

Mischung Saft zieht. Zum Kochen bringen, Hitze reduzieren und offen 10 Minuten leicht köcheln lassen, bis die Pfirsiche weich sind. Vom Herd nehmen, Vanilleextrakt und Butter dazugeben und rühren, bis die Butter geschmolzen ist.

Die Hälfte des Teigs zu einem Rechteck (30 x 30 x cm oder 20 x 20 cm) ausrollen. Die Hälfte der Pfirsiche in eine leicht mit Butter gefettete Backform (30 x 20 x 5 cm) füllen, mit dem Teig bedecken. Mit Zucker bestreuen. Bei 245 Grad 15 Minuten hellbraun backen. Restliche Pfirsiche darauf verteilen. Restlichen Teig 3 mm dick ausrollen und 2½ cm lange Streifen schneiden. Streifen im Gittermuster auf die Pfirsiche legen. Mit Zucker bestreuen. Weitere 20 Minuten backen, bis die Oberfläche braun ist. Ergibt 8–10 Portionen.

Ambrosia
Götterspeise

12 große, kernlose Orangen, geschält und zerlegt
450 g Kokosflocken, gesüßt
½ Tasse Zucker

Orangenspalten halbieren. Alle Zutaten in einer großen Servierschüssel vermengen. Zugedeckt über Nacht in den Kühlschrank stellen. Ergibt 10–12 Portionen.

Wichtig: die Orangen sauber 2x schälen und zerlegen. Das ist mühsam, aber es lohnt sich. Nach einer schweren Mahlzeit ist die Götterspeise eine leichte Köstlichkeit. Mir schmeckt sie besonders gut zum Weihnachtsfestessen.

Special ambrosia
Götterspeise spezial

1 Dose (etwa 550 g) Ananasstücke, nicht abgetropft
450 g Kokosflocken, gesüßt
2/3 Tasse Zucker
4 – 5 große, kernlose Orangen, geschält und zerlegt
2 – 3 mittelgroße Bananen, in Scheiben geschnitten

Ananas abtropfen lassen, Saft aufbewahren. 2 EL Kokosflocken abmessen und beiseite stellen. Restliche Kokosflocken und Zucker gut vermengen. Die Hälfte der Orangen, Bananen, Ananas und Kokosmischung schichtweise in eine gläserne Servierschüssel geben. Wiederholen. Mit den beiseite gestellten Kokosflocken bestreuen. Zugedeckt über Nacht in den Kühlschrank stellen. Ergibt 10 Portionen.

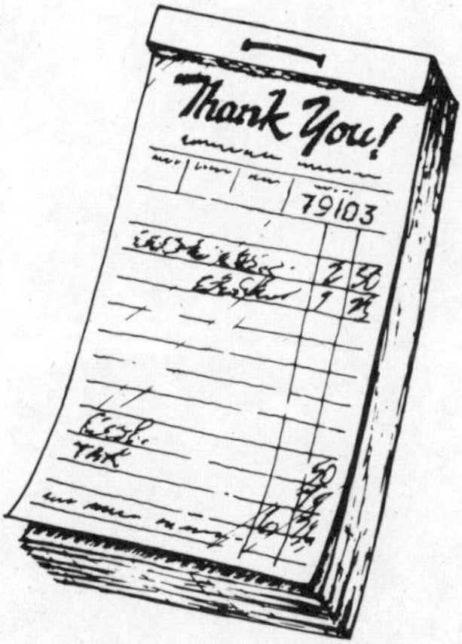

Kapitel 10

Marmeladen, Gelees, Pikantes

Cinnamon peach preserves
Eingemachte Zimtpfirsiche

900 g frische Pfirsiche, geschält, in dicke Scheiben geschnitten
3 Tassen Zucker
1 Tasse Honig
½ Tasse Wasser
1 Stange (7,5 cm) Zimt

Pfirsiche, 1½ Tassen Zucker, Honig, Wasser und Zimt in einem großen Schmortopf vermengen. Unter ständigem Rühren zum Kochen bringen, weiterkochen, bis der Zukker geschmolzen ist. Hitze reduzieren und unter häufigem Rühren 15 Minuten leicht köcheln lassen. Vom Herd nehmen und 1 Stunde stehen lassen. Restlichen Zucker dazugeben und unter ständigem Rühren schnell zum Kochen bringen und offen kochen lassen, bis das Candy-Thermometer (bei uns unbekannt) 105 Grad anzeigt. Vom Herd nehmen, Schaum abschöpfen. Sofort in heiße, sterilisierte Gläser füllen. Nach oben gut ½ cm frei lassen. Glasrand abwischen, Gummiring und Deckel darauflegen und mit einer Klammer befestigen. 15 Minuten in ein kochendes Wasserbad stellen. Ergibt 1½–2 Liter.

Manchmal koche ich die Pfirsiche ohne Zimt ein.

Bill und Marion Neal und ihre achtjährige Tochter Patsy waren den ganzen Tag gefahren, als sie am Straßenrand einen Kiosk sahen, der »Frische Eier, Honig, frisches Obst und Gemüse, frische Katzenfische und eisgekühlte Getränke« anbot.

Easy sweet delicious strawberry preserves
Eingemachte süße Erdbeeren, leicht zuzubereiten

2 kg Erdbeeren, geputzt
3 Tassen Zucker

Erdbeeren und 1½ Tassen Zucker in einem schweren Topf unter ständigem Rühren zum Kochen bringen. Offen 10 Minuten kochen lassen. Restlichen Zucker dazugeben und unter häufigem Rühren 15 Minuten kochen lassen, bis das Candy-Thermometer (bei uns unbekannt) 105 Grad anzeigt. Vom Herd nehmen, Schaum abschöpfen. Abkühlen lassen. Zudecken und 24 Stunden bei Zimmertemperatur stehen lassen, dabei gelegentlich umrühren. In saubere Gläser füllen und in den Kühlschrank stellen. Ergibt etwa 1½ Liter.

Eingemachte Erdbeeren auf heißen Biskuits – einfach unbeschreiblich!

Muscadine jam
Muskatellertrauben-Marmelade

1 ¾ kg Muskatellertrauben
2 Tassen roter Traubensaft
1 Stange (7,5 cm) Zimt
50 g Fruchtpektinpulver
7 ¾ Tassen Zucker

Trauben von den Stielen lösen, Stiele wegwerfen. Fruchtfleisch aus den Trauben drücken, Schalen und Fruchtfleisch getrennt aufbewahren. Fruchtfleisch und 1 Tasse Traubensaft in einem schweren Topf zum Kochen bringen. Zudecken, Hitze reduzieren, 5 Minuten leicht köcheln lassen. Mischung durch ein feinmaschiges Sieb drücken. Fruchtfleisch in einen Mixer mit Messer geben. Kerne wegwerfen.

Aufbewahrte Schalen in den Topf geben, 1 Tasse Traubensaft drübergießen und mit Wasser auffüllen, bis die Schalen bedeckt sind. Zimtstange dazugeben. Zum Kochen bringen. Zudecken, Hitze reduzieren und 10 Minuten köcheln lassen, bis die Schalen weich sind. Abgießen, Flüssigkeit aufbewahren. Schalen in den Mixer geben und Mischung pürieren, bis die Schalen sehr fein gehackt (fast klein gemahlen) sind. Zimtstange wegwerfen.

6 Tassen Fruchtfleischmischung abmessen, wenn nötig, mit der Kochflüssigkeit der Schalen zu 6 Tassen auffüllen. In den Topf geben. Fruchtpektinpulver gut mit der Mischung verrühren. Unter ständigem Rühren zum Kochen bringen. Zucker dazugeben, unter ständigem Rühren noch einmal aufkochen und 1 Minute kochen lassen. Vom Herd nehmen, Schaum abschöpfen. 5 Minuten rühren.

Mischung sofort in heiße sterilisierte Gläser füllen, nach oben gut ½ cm frei lassen. Glasrand abwischen, Gummiring und Deckel darauflegen und mit einer Klammer befestigen. 15 Minuten in ein kochendes Wasserbad stellen. Ergibt etwa 2½ Liter.

Muskatellertrauben schmecken sehr süß und sind auch hübsch anzuschauen.

Pepper jelly
Paprika-Gelee

1 Tasse grüner Paprika
⅓ Tasse Peperoni
6 Tassen Zucker
1⅓ Tassen Essig (5 % Säure)
85 g flüssiges Pektin
evtl. 2 Tropfen grüne Lebensmittelfarbe

Paprikaschoten und Peperoni waschen, Kerne entfernen und in Streifen schneiden, nacheinander im Mixgerät grob zerkleinern. Aus dem Mixer nehmen und abmessen.

Paprika, Peperoni, Zucker und Essig in einem großen Topf vermengen und zum Kochen bringen. Unter häufigem Rühren 6 Minuten kochen lassen. Pektin dazugeben, unter häufigem Rühren 3 Minuten kochen lassen. Vom Herd nehmen, Schaum abschöpfen.

Das heiße Gelee sofort in heiße sterilisierte Gläser füllen, nach oben gut ½ cm frei lassen. Glasrand abwischen, Gummiring und Deckel darauflegen und mit einer Klammer befestigen. 5 Minuten in ein kochendes Wasserbad stellen. Ergibt etwa 6 x ½ Liter.

Wer es lieber rot mag: rote Paprikaschoten und rote Lebensmittelfarbe nehmen.

Schmeckt gut auf Toast oder Biskuits. Ich persönlich esse es am liebsten auf Frischkäse und Crackern.

Refrigerator pickles
Eisgekühlte Pickles

1 kg Einlegegurken
2 große Gemüsezwiebeln
2 große süße rote Paprikaschoten
1 kleiner Kopf Blumenkohl
225 g Möhren
225 g Sellerie
½ Tasse Salz zum Einlegen
1 Beutel Eiswürfel
4 Tassen Cidreessig
4 Tassen Zucker
1 EL plus 1 TL Senfkörner
2 TL Selleriesalz
2 TL Kurkuma
2 TL Paprikapulver

Gemüse in 1½ cm große Stücke schneiden. In einen großen Suppentopf geben, mit Salz bedecken und Eis darauflegen. 24 Stunden stehen lassen, wenn nötig, neu mit Eis bedecken. Kurz vor dem Kochen Gemüse in kaltem Wasser abspülen und gut abtropfen lassen.

Restliche Zutaten in einem großen Topf vermengen und unter ständigem Rühren zum Kochen bringen. Gemüse in saubere Gläser füllen und mit der heißen Flüssigkeit bedecken. Vor dem Verzehr 3 Wochen im Kühlschrank lagern. Ergibt etwa 5 x 1 Liter.

Anmerkung: Am besten weicht man das Gemüse im Spülstein ein. Am Ende das Gemüse unter fließendem Wasser abspülen.

Pickled okra

Eingelegte Okraschoten (Gombos)

5 scharfe rote Peperoni
5 Knoblauchzehen, halbiert
1½ kg kleine Okraschoten
1 EL plus 2 TL Dillsamen oder frischer Dill
4 Tassen Wasser
2 Tassen destillierter weißer Essig
⅓ Tasse Salz

Jeweils 1 Peperonischote und 2 Knoblauchhälften in 5 heiße, sterilisierte Gläser (1 l) legen. Stiele von den Okraschoten abschneiden, Schoten fest in die Gläser pressen. Jeweils 1 TL Dill in die Gläser geben. Restliche Zutaten in einem Topf zum Kochen bringen. Hitze reduzieren und 5 Minuten leicht köcheln lassen. Über die Okraschoten gießen, oben etwa ½ cm freilassen. Luftblasen entfernen. Gläserränder abwischen. Sofort mit Metalldeckeln verschließen und mit einer Klammer befestigen. 10 Minuten in ein kochendes Wasserbad stellen. Gläser vor dem Öffnen mehrere Wochen an einem kühlen, dunklen Platz lagern. Ergibt 5 x 1 l.

Old fashioned corn relish
Traditionelles Mais-Relish

½ Tasse Cidreessig
¼ Tasse Zucker
½ TL Salz
½ TL Selleriesamen
¼ TL Senfkörner
¼ TL scharfe Sauce
1 Dose (etwa 350 g) Maiskörner, abgetropft
2 EL grüne Paprika, klein gehackt
1 EL rote Pfefferschoten aus dem Glas, abgetropft, klein gehackt
1 EL Zwiebeln, klein gehackt

Die ersten fünf Zutaten in einem kleinen Topf unter ständigem Rühren zum Kochen bringen. Wenn der Zucker geschmolzen ist, Hitze reduzieren und offen 2 Minuten leicht köcheln lassen. Vom Herd nehmen. Scharfe Sauce, Mais, Paprika, Pfefferschote und Zwiebeln unterrühren. In eine Schüssel füllen, zugedeckt in den Kühlschrank stellen. Ergibt 1⅔ Tassen.

Cranberry orange relish
Preiselbeeren-Orange-Relish

5 Tassen frische oder tiefgekühlte Preiselbeeren
2 Tassen Zucker
1 Tasse Orangensaft
½ Tasse fein gehackte Schale einer unbehandelten Orange
½ TL Muskat, gemahlen
½ TL Kardamom

Alle Zutaten in einem großen Topf gut vermengen. Unter ständigem Rühren zum Kochen bringen. Wenn der Zukker geschmolzen ist, Hitze reduzieren, offen 10 Minuten unter gelegentlichem Rühren leicht köcheln lassen, bis die Beeren platzen. Vom Herd nehmen, abkühlen lassen. In eine Servierschüssel füllen und in den Kühlschrank stellen. Ergibt 4 Tassen.

Spicy green tomato chutney
Scharfes Chutney aus grünen Tomaten

900 g feste grüne Tomaten, entkernt, in ½ cm dicke Scheiben geschnitten
2 große Kochäpfel (etwa 450 g), geschält, entkernt, gewürfelt
225 g Silberzwiebeln, geschält
1 Tasse brauner Zucker
½ Tasse Rosinen
1½ EL kandierter Ingwer, fein gehackt
2 TL roter Pfeffer, zerstoßen
3 Zehen Knoblauch, fein gehackt
1¼ Tassen Cidre-Essig

Alle Zutaten in einem großen schweren Topf gut vermengen und zum Kochen bringen. Hitze reduzieren und 50 Minuten unter häufigem Rühren leicht köcheln lassen, bis die Mischung sehr dick ist.

In heiße sterilisierte Gläser gießen, oben 1½ cm frei lassen. Sofort mit Metalldeckeln verschließen und mit einer Klammer befestigen. 15 Minuten in ein kochendes Wasserbad stellen. Ergibt 5 x ¼ Liter.

Kapitel 11

Drinks

»Importbier« bedeutet in einem Café, daß das Getränk von der rückwärtigen Veranda stammt …

Getränke: Ein Loblied auf Grapico

Da unten in den Südstaaten wird viel getrunken, weil es so heiß ist. Wir lieben süße Getränke jeglicher Art, und gemeinsames Trinken ist ja auch sehr gesellig. Wenn Sie irgend jemanden zu Hause besuchen, bietet man Ihnen immer ein kaltes Getränk an. Alle lieben Eistee, und wir trinken ihn eimerweise. Aber auch andere kalte Drinks sind beliebt, und bestimmte Getränke gehören einfach zu bestimmten Speisen. Ich kann es gar nicht oft genug sagen: Zu einem Barbecue schmeckt nichts besser als eine große Flasche eiskalter Orangensaft oder eine Flasche Grapico-Limonade. Als Kind habe ich Limonaden geliebt. Die Flaschen waren so groß, daß ich sie kaum mit meinen Händen umfassen konnte. Diese Limonade färbte Lippen und Mund sofort knallrot, und sie war so süß, daß einem die Haare zu Berge standen. Aber sie war einfach gut ...

Cola oder Dr. Pepper passen am besten zu Hot Dogs, Hamburgern und allen Sandwiches, aber das beste Getränk an einem heißen Sommernachmittag ist ein großes Glas mit sahniger Vanille-Eiscreme, mit goldenem Buffalo Rock Ginger Ale übergossen. Buffalo Rock Ginger Ale warb damit, »Millionen Augenblicke schöner gemacht zu haben«. Ich begreife nicht, wie jemand eine Mahlzeit genießen kann, ohne dazu einen Eistee oder eine Cola zu trinken. In Kalifornien ist es zur Zeit »in«, zum Essen Wasser wie Evian oder Perrier zu trinken. Als ich mit einer Freundin ein Café in Alabama besuchte, fragte sie vor der Bestellung, woher das Wasser stamme, das man hier servierte. Die Kellnerin schaute sie an, dachte einen Augenblick lang nach und sagte dann: »Aus dem Wasserhahn.«

Orange Crush
RUSH
COMPANY
V
7up

Sie kehrten über die Gleise zurück, und Mrs. Hartman sagte: »Wenn Sie bei der nächsten Straße abbiegen, zeige ich Ihnen das alte Threadgoode-Haus.«

Als sie um die Ecke fuhren, entdeckte Evelyn es sofort: ein großes, weißes Holzhaus, rundherum von einer Veranda umgeben. Sie erkannte es nach den Fotos wieder.

Evelyn fuhr vor, und sie stiegen aus.

Die meisten Fenster waren zerbrochen oder vernagelt, die Bodenbretter der Veranda morsch und eingesunken, so daß sie das Haus nicht betreten konnten. Es sah aus, als würde es jeden Moment in sich zusammenfallen. Sie gingen langsam zur Rückfront.

»Was für eine Schande, alles so verfallen zu lassen!« meinte Evelyn. »Sicherlich war das Haus früher sehr schön.«

Mrs. Hartman stimmte zu. »Das schönste von Whistle Stop. Aber nun ist kein Threadgoode mehr am Leben, da werden sie es wohl bald abreißen.«

Im Hinterhof bot sich ihnen ein überraschender Anblick. Am alten Spalier an der Mauer wucherten unzählige kleine rosa Rosen und blühten, als wüßten sie nicht, daß die Hausbewohner längst gestorben waren.

Evelyn spähte durch eine zerbrochene Fensterscheibe und sah einen weißen Emailletisch mit vielen Sprüngen. Wie viele Biskuits mochten da wohl im Laufe der Jahre aufgeschnitten worden sein …

Obwohl es schon spät war, beschloß Evelyn, noch einmal an dem alten Haus vorbeizufahren. Es wurde schon dunkel. Als sie um die Straßenecke bog, fielen die Autoscheinwerfer auf die Fenster, und es sah so aus, als würden Menschen in den Räumen umherwandern. Und plötzlich hätte sie schwören können, Essie Rue im Salon Klavier spielen zu hören. »Buffalo gals, wo'nt you come out tonight, come out tonight ...«

Evelyn hielt am Straßenrand, saß da, schluchzte herzzerreißend und fragte sich, warum die Menschen alt werden und sterben mußten.

Jetzt, im Rückblick, kommt es mir vor, als schlüge das Herz der Stadt nicht mehr, seit das Café geschlossen wurde. Komisch, wie viele Menschen so ein tolles kleines Lokal zusammenbringen kann ...

Register

S

T

V

W

Y

Z

Notizen

Notizen

Notizen

Notizen